Linie 1

Deutsch im Alltag

Einstiegskurs

Susan Kaufmann
Lutz Rohrmann
Annalisa Scarpa-Diewald

Alles Digitale zu diesem Buch kann auf der Lernplattform **allango** von Ernst Klett Sprachen abgerufen werden. So geht's:

QR-Code scannen oder **www.allango.net** aufrufen

Zur Aktivierung zusätzlicher Komponenten geben Sie bitte folgenden Lizenzschlüssel ein:

EKS-607302-4c24-c0ad-c62c

Weitere Informationen dazu finden Sie unter: **www.allango.net**

Klaus

Ernst Klett Sprachen

Stuttgart

Autoren: Susan Kaufmann, Lutz Rohrmann, Annalisa Scarpa-Diewald

Projektleitung: Annalisa Scarpa-Diewald
Redaktion: Annie Faugère
Layoutkonzeption: Britta Petermeyer, Snow, Nürnberg
Illustrationen: Hans-Jürgen Feldhaus, Feldhaus Text & Grafik, Münster
Gestaltung und Satz: Franzis print & media GmbH, München
Umschlaggestaltung: Studio Schübel, München
Titelbild: Vordergrund: Shutterstock – Daniel M Ernst, Hintergrund: Fotolia – Kzenon

Audios:
Tonstudio: Plan 1, München
Musik: Annalisa Scarpa-Diewald, Berthold Götz
Aufnahme, Schnitt, Mischung: Christoph Tampe
Koordination und Regie: Annalisa Scarpa-Diewald, Annie Faugère
Sprecherinnen und Sprecher: Anne Bergmann, Marco Diewald, Werner Diewald, Annie Faugère, Berthold Götz, Regina Kamberow-Thiemann, Mônica Krausze-Bornebusch, Detlef Kügow-Klenz, Christof Lenner, Kirsten Mannich, Charlotte Mörtl, Mia Preyss, Annalisa Scarpa-Diewald, Theo Scherling, Anne-Kathrein Schiffer, Axel Schiffer, Helge Sturmfels, Mike Thiemann, Vincent Thiemann, Peter Veit, Sabine Wenkums, Laura Worsch, Anne Zips, Laura Zöphel

Besuchen Sie uns auch unter: www.klett-sprachen.de/linie1/einstiegskurs

Symbole und ihre Bedeutung

1.57	Hörtext; CD-Nummer + Track-Nummer
1.19	Aussprachetraining; CD-Nummer + Track-Nummer
	Aktivität zu zweit
	Aktivität in der Gruppe
	Miteinander: einige wichtige Werte für das Zusammenleben
G	Hinweis zur Grammatik
	Tipp zur Aussprache
	Lerntipp
	Lösungshilfe im Übungsteil: das macht die Übung leichter

1. Auflage 1 ³ ² ¹ | 2026 25 24

Druck und Bindung: Elanders Waiblingen GmbH

ISBN 978-3-12-607302-8

9 783126 073028

1 Hallo!

1 Guten Tag

1.1 **a Sehen Sie die Fotos an. Hören Sie.**

1.1 **b Hören Sie und sprechen Sie nach.**

1.2 **c Hören Sie und schreiben Sie.**

~~Guten Morgen.~~ Guten Tag. Guten Abend. Hallo. Guten Morgen.

(A)

- G u t e n M o r g e n, Finn.
- _ _ _ _ _ _ _ _ _ _ _ _, Marie.

(B)

- Guten Tag, Frau Schuster.
- _ _ _ _ _ _ _ _ _, Herr Bieber.

(C)

- Guten Abend, Herr Bieber.
- _ _ _ _ _ _ _ _ _ _ _, Herr Said.

(D)

- Hallo, Ben.
- _ _ _ _ _ _, Fatma.

2 Auf Wiedersehen

1.3 **a Hören Sie und verbinden Sie.**

Tschüs, Gül.

Auf Wiedersehen, Frau Parlak.

Tschüs, Kamal.

Auf Wiedersehen, Frau Schuster.

1.3 **b Hören Sie und sprechen Sie nach.**

1.4 **c Schritt für Schritt – Üben Sie.**

… Schuster. → … Frau Schuster. → Guten Morgen, Frau Schuster.
… Schmidt. → … Herr Schmidt. → Guten Abend, Herr Schmidt.

d Spielen Sie: würfeln – begrüßen – verabschieden.

Hallo.

Guten Morgen.

Guten Abend.

Guten Tag.

Tschüs.

Auf Wiedersehen.

UND SIE?

Hallo, guten Tag, tschüs, … – Sprechen Sie im Kurs.

Guten Morgen, Frau Khalili.

Hallo Magda.

Guten Morgen, Herr Tokoglu.

…

3 Ich heiße ...

1.5 **a Hören Sie und ordnen Sie zu.**

Guten Morgen. Ich heiße — Ute Schuster.
Guten Morgen,
Ich heiße
Guten Morgen,

Kamal Said.
Ute Schuster.
Herr Said.
Frau Schuster.

1.6 **b Wer sagt was? Hören Sie und schreiben Sie.**

~~Guten Morgen. Ich heiße Ana Pereira.~~
Ich heiße Kamal Said.
Wie heißen Sie?
Guten Morgen, Frau Pereira.

c Wie heißen Sie? Schreiben Sie.

Ich h*e*.................. ....

G
heißen

ich	heiß**e**
Sie	heiß**en**

UND SIE?

Sprechen Sie.

4 Das Alphabet

1.7 **a** Hören Sie und lesen Sie.

A a	B b	C c	D d	E e	F f
G g	H h	I i	J j	K k	L l
M m	N n	O o	P p	Q q	R r
S s	T t	U u	V v	W w	X x
Y y	Z z	Ä ä	Ö ö	Ü ü	ß

1.8 **b** Was hören Sie? Markieren Sie in der Tabelle in 4a.

1.9 **c** Wählen Sie.

Hören Sie und singen Sie mit. **oder** Hören Sie und sprechen Sie mit.

a be ce de e ef ge
ha i jot ka el em en o pe
qu er es te u vau we
ix ypsilon zet
a be ce de e ef ge
und das ist das Abc.

1.10 **d** Was hören Sie? Kreuzen Sie an.

1. (a) OBI (b) Bio
2. (a) REWE (b) real
3. (a) LIDL (b) Lindt
4. (a) METRO (b) Milka
5. (a) Audi (b) ALDI SÜD

1.11 **e** Diktat. Hören Sie und schreiben Sie.

● H_a_ _l_ _l_ _o_, G__ __.   ○ G__ __ __ __ M__ __ __ __ __ __, K__ __ __ __.

f Person A diktiert. Person B schreibt ins Heft.

5 Wie schreibt man das?

1.12 **a Hören Sie und ergänzen Sie.**

Ich h.................... Kamal Said.

Wie bitte? Wie .... Sie?

Kamal Said.

.... schreibt man das?

K a m a l S a i d .

1.13 **b Schritt für Schritt – Üben Sie.**

… Sie? → … <u>hei</u>ßen Sie? → Wie <u>hei</u>ßen Sie?
… das? → … <u>schreibt</u> man das? → Wie <u>schreibt</u> man das?

c Schreiben Sie *ei* oder *ie*.

- ● Ich h_e_ _i_ße Ana Pereira Veloso.
- ○ Wie bitte? W__ __ h__ __ßen Sie?
- ● Ana Pereira Veloso.
- ○ W__ __ schr__ __bt man das?
- ● A n a P e r e i r a V e l o s o .
- ○ Danke, auf W__ __dersehen.

1.14 **d Hören Sie *ei* oder *ie*?**

1. ie ~~ei~~ 2. ie ei 3. ie ei 4. ie ei

e Schreiben Sie richtig.

Ich/heiße/Gül./WieheißenSie?Wieschreibtmandas?Danke.

Ich heiße Gül. …

UND SIE?

a Fragen Sie und ergänzen Sie.

- ● Hallo. Ich heiße ....
- ○ Wie heißen Sie?
- ● ....
- ○ Wie schreibt man das?
- ● ....

b Lesen Sie die Dialoge vor.

6 Wie geht es Ihnen?

1.15 **a Hören Sie und sprechen Sie nach.**

b Ergänzen Sie die Frage und antworten Sie.

● Wie .... es .... ?
○ ....

1.16 **c Hören Sie und sprechen Sie nach. Markieren Sie _ lang oder . kurz.**

	lang	kurz
Herr • man • bitte	☐	☒
heißen • gut • wie	☐	☐
hallo • und • ich	☐	☐
geht • Ihnen • Abend	☐	☐
schreiben • hören	☐	☐

1.17 **d Wählen Sie.**

Hören Sie und ergänzen Sie. oder **Ergänzen Sie. Hören Sie zur Kontrolle.**

wie Gut ~~geht~~ geht gut

Guten Morgen, Frau Schuster. Wie geht es Ihnen?

Hallo, Herr Bieber. ...., danke.

Und wie geht es Ihnen?

Es ....

Hallo, Frau Kul, und .... geht es Ihnen?

Danke, ...

UND SIE?

Wie geht es Ihnen?
Fragen Sie und antworten Sie.

ÜBUNGEN

1 Guten Tag

Schreiben Sie die Sätze.

~~Schuster. Tag, Frau Guten~~ — Guten Tag, Frau Schuster.

Lukas. Guten Abend,

Herr Hallo, Said.

Morgen, Anna. Guten

2 Auf Wiedersehen

a Ergänzen Sie.

1. Au f Wi__der__ehen, He__r Said.
2. Gu__en M__rge__, Fr__u Pereira.
3. Ha__lo Finn.
4. T__chü__, Marie.

b Schreiben Sie.

Guten Tag. ~~Hallo.~~ Guten Morgen. Tschüs. Guten Abend. Auf Wiedersehen.

Hallo.

3 Ich heiße ...

Ordnen Sie den Dialog.

~~Guten Morgen, ich heiße Ute Schuster.~~

Ich heiße Kamal Said. Guten Morgen, Herr Said. Guten Morgen, Frau Schuster.

 Guten Morgen, ich heiße Ute Schuster.

4 Das Alphabet

a Schreiben Sie die fehlenden Buchstaben.

A B __ D E __ G H __ J K __ M N __ P Q __ S T __ V W __ Y Z
a __ c d __ f g __ i j __ l m __ o p __ r s __ u v __ x y __

1.18 **b Diktat – Hören Sie und schreiben Sie.**

1. Gu___ _______.
2. G____ _______.
3. H____!
4. A__ ____________.
5. T_____.
6. W__ _______ ___?

5 Wie schreibt man das?

a Finden Sie die Wörter. Schreiben Sie den Dialog.

Ich/heiße/Gül/Parlak./WieheißenSie,bitte?GülParlak.Wieschreibtmandas?
GülParlak.Danke,aufWiedersehen.

Ich heiße Gül Parlak. ....
....
....
....
....
....

b Wie heißt das Wort?

bitte Tag ~~danke~~ schreibt Morgen Abend

ADNEK danke .... TITBE .... GAT ....
NEGROM .... ENDAB .... CHSERITB ....

6 Wie geht es Ihnen?

Schreiben Sie.

Es geht. Gut. Sehr gut.

☺ .... ☺ .... ☹ ....

TRAINING

Schreibtraining

1 Das Alphabet – Finden Sie die Paare. Schreiben Sie.

~~a~~ F R ~~b~~ c y G e I m J P r

p k ~~A~~ g V o ~~c~~ t h K U S

E w f i D z n q

T L x d N Q j l s u v X Z ~~B~~ O H M

Y W

A a, B b, C ....

....

....

....

2 Groß oder klein? Schreiben Sie richtig.

Am Anfang:	Wie heißen Sie?
Namen:	Gül, Schuster, Berlin
Nomen:	Tag, Abend, Frau
Sie + ***Ihnen***:	Wie heißen Sie? Wie geht es Ihnen?

● ich heiße ute schuster. wie heißen sie?

Ich heiße ....

○ ich heiße kamal said.

....

● guten morgen, herr said.

....

LERNEN LERNEN – Mit Kärtchen lernen: Wörter

Schreiben Sie Lernkarten.

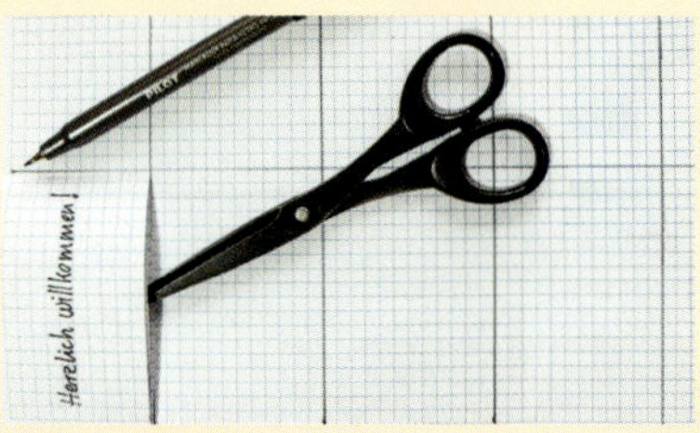

Vorderseite: Deutsch

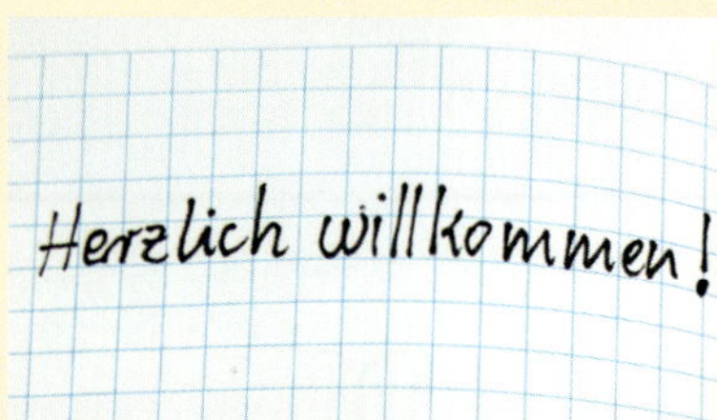

Rückseite: Ihre Sprache

Sätze und Wörter

Schreiben Sie in Ihrer Sprache.

Guten Morgen, Frau … ....

Guten Tag, Frau … ....

Guten Abend, Herr … ....

Auf Wiedersehen, Herr … ....

Hallo, Ana. ....

Tschüs, Gül. ....

Wie heißen Sie? ....

Ich heiße … ....

Wie bitte? ....

Wie schreibt man das? ....

Wie geht es Ihnen? ....

Sehr gut, danke. ....

Gut, danke. ....

Es geht, danke. ....

Bitte. ....

antworten ....

korrigieren ....

schreiben ....

ergänzen ....

lernen ....

sprechen ....

fragen ....

lesen ....

üben ....

hören ....

markieren ....

spielen ....

AUSSPRACHE

1 Das Alphabet

♫ 1.19 **Hören Sie und markieren Sie den Vokal _ lang oder . kurz. Sprechen Sie.**

a	**b**	**c**	**d**	**e**	**f**	**g**	**h**	**i**
a	be	ce	de	e	ef	ge	ha	i
j	**k**	**l**	**m**	**n**	**o**	**p**	**q**	**r**
jot	ka	el	em	en	o	pe	qu	er
s	**t**	**u**	**v**	**w**	**x**	**y**		**z**
es	te	u	vau	we	ix	ypsilon		zet

Sie sprechen Vokale + h immer lang:
Ihnen, sehr, es geht

2 Satzmelodie – Fragen und Antworten

♫ 1.20 **Hören Sie und achten Sie auf die Satzmelodie. Sprechen Sie.**

- ● Wie heißen Sie? ↗
- ○ Michael Postert. ↘
- ● Bitte? ↗ Wie bitte? ↗
- ○ Michael Postert! ↘
- ● Und wie schreibt man das? ↗
- ○ MICHAEL und dann POSTERT. ↘

MITEINANDER

Begrüßungen in Deutschland – Was kennen Sie? Kreuzen Sie an.

A ☐

B ☐

C ☐

D ☐

E ☐

TIPP: Sie finden Informationen und Hilfen zu VORHANG AUF auf der Homepage: www.klett-sprachen.de/linie1-Einstiegskurs

VORHANG AUF

Schreiben Sie einen Dialog.
Lesen Sie den Dialog vor. Spielen Sie ihn dann frei.

Wie heißen Sie?
Ich heiße …
Wie schr…

Mein Deutsch

Das kann ich:

Hallo und tschüs ------------------------→ **Spielen Sie Dialoge.**

Hallo …

Guten Tag, Herr …!

Wie heißen Sie? ------------------------→ **Fragen und antworten Sie.**

Wie heißen Sie?

Ich heiße …

Wie schreibt man das? ------------------→ **Person A diktiert, Person B schreibt.**

A-u-f W-i-e-d-e-r-s-e-h-e-n.

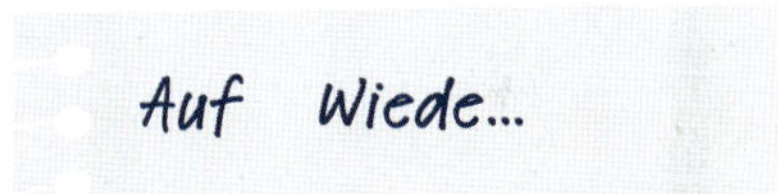

Wie geht es Ihnen? --------------------→ **Fragen und antworten Sie.**

Wie geht es Ihnen?

…, danke. Und Ihnen?

…, danke.

Das kenne ich:

G

Personen

ich
Sie

Ich heiße Schuster.

Wie heißen Sie?

Verben: Endungen

ich …e	ich	heiß/e
Sie …en	Sie	heiß/en

W-Frage und Antwort

Wie heißen Sie?	Ich heiße Kamal Said.
Wie schreibt man das?	K a m a l S a i d .
Wie geht es Ihnen?	Gut, danke.

Groß schreiben

Am Anfang	Wie heißen Sie? Guten Tag.
nach . ! ?	Guten Tag. Wie heißen Sie?
Namen	Gül, Schuster, Berlin
Nomen	Diktat, Frau, Herr

2 Ich komme aus ...

1 Ich komme aus ...

1.21 **a Hören Sie und lesen Sie.**

b Woher kommen Sie? Sprechen Sie.

Ich komme	aus Syrien, aus Deutschland, ...
Ich komme	aus **der** Türkei.
Ich komme	aus Damaskus.
Ich komme	aus Izmir.

G

ich komm**e**	Sie komm**en**
ich heiß**e**	Sie heiß**en**
ich **bin**	Sie **sind**

1.22 **c Was hören Sie? Kreuzen Sie an.**

A	B	C	D

☐ aus Belgien	☐ aus Ghana	☐ aus Eritrea	☐ aus Pakistan
☒ aus Indien	☐ aus Gambia	☐ aus dem Iran	☐ aus Afghanistan

d Schreiben Sie die Frage.

kommen • ~~Woher~~ • Sie • ? *Woher* ....

1.23 **e Hören Sie noch einmal und ordnen Sie den Dialog.**

☐ ○ Aus Eritrea, aus Asmara.
Und woher kommen Sie, Frau Schmidt?

☐ ● Woher kommen Sie, Herr Karikare?

1 ● Guten Abend, ich heiße Danielle Schmidt.
Wie heißen Sie, bitte?

Guten Abend, ich heiße Danielle ...

☐ ● Ich komme aus Deutschland, aus Hamburg.

☐ ○ Guten Abend, ich heiße Yemane Karikare.

1.24 **f Schritt für Schritt – Üben Sie.**

... Sie? → ... kommen Sie? → Woher kommen Sie?
... aus Portugal. → ... komme aus Portugal. → Ich komme aus Portugal.

UND SIE?

**Fragen Sie im Kurs.
Machen Sie eine Kursliste.**

Name	*Land*	*Stadt*
Gül Parlak	*Türkei*	*Izmir*
...		

2 Die Zahlen

1.25 **a Hören Sie und ordnen Sie zu.**

A

B

C

D

1 2 3 4 5 6 7 8 9 10,
ich komme!

1 2 und 1 2 3 4!

10 9 8 7 6
5 4 3 2 1!
Prost Neujahr!

1 2 3 4 5 6 7 8
und noch einmal:
1 2 3 4 5 6 7 8 ...

1.26 **b Hören Sie und sprechen Sie mit.**

A

eins	zwei	drei
1	2	3

B

eins	zwei	drei	vier
1	2	3	4

C

eins	zwei	drei	vier	fünf	sechs
1	2	3	4	5	6

1.27 **c Hören Sie. Ergänzen Sie die Zahlen. Sprechen Sie nach.**

0 null	1 eins	.... zwei	.... drei	.... vier	5 fünf	.... sechs
.... sieben	.... acht	.... neun	10 zehn	.... elf	.... zwölf	13 dreizehn
14 vierzehn	.... fünfzehn	.... sechzehn	.... siebzehn	.... achtzehn	.... neunzehn	20 zwanzig

1.28 **d Hören Sie und sprechen Sie nach.**

ie v**ie**r – v**ie**rzehn – s**ie**ben – s**ie**bzehn
ei **ei**ns – zw**ei** – dr**ei** – dr**ei**zehn
eu n**eu**n – n**eu**nzehn
eh z**eh**n – dr**ei**z**eh**n – v**ie**rz**eh**n – fünfz**eh**n – sechz**eh**n – s**ie**bz**eh**n – achtz**eh**n

e Markieren Sie wie im Beispiel.

13	14	15	16	17	18	19
drei zehn	vierzehn	fünfzehn	sechzehn	siebzehn	achtzehn	neunzehn

3 Meine Telefonnummer

1.29 **a Hören Sie und ergänzen Sie die Zahlen.**

● Hallo, Herr Müller. Wie geht es Ihnen?
○ Hallo, Herr Bohar. Gut, danke. Und Ihnen?
● Auch gut, danke. Entschuldigen Sie bitte, wie ist Ihre Telefonnummer?
○ Meine Telefonnummer ist 0 _ _ _ _ _ _ _ _ _ _ _. Und Ihre?
● Meine Nummer ist _ _ _ _ _ _ _ _ _ _ _.
○ Danke.
● Aber gerne!

b Schreiben Sie die Frage richtig.

WieistIhreTelefonnummer,bitte?

Wie ....

1.30 **c Was ist richtig? Was ist falsch? Hören Sie und kreuzen Sie an.**

	R	F
1. 030 45 76 98	☒	☐
2. 0221 33 33 567	☐	☐
3. 08456 17 99	☐	☐
4. 0771 44 22 34	☐	☐

1.31 **d Schritt für Schritt – Üben Sie.**

… Tele<u>fon</u>nummer? → … Ihre Tele<u>fon</u>nummer? → Wie ist Ihre Tele<u>fon</u>nummer?
… <u>25 88 86</u>. → … ist <u>25 88 86</u>. → Meine Telefonnummer ist <u>25 88 86</u>.

UND SIE?

Fragen Sie und schreiben Sie.

G
meine Telefonnummer
Ihre Telefonnummer

4 Meine Stadt, mein Stadtviertel

1.32 **a Hören Sie und sprechen Sie mit.**

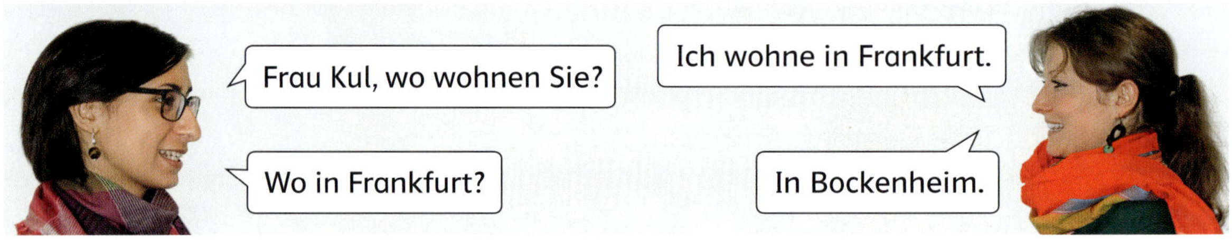

b Schreiben Sie die Frage richtig.

oW nenwoh ieS? *W* ....

c Fragen Sie im Kurs.

Wo wohnen Sie? — Ich wohne in Berlin-Kreuzberg.

5 Ein Formular

Lesen Sie und ergänzen Sie das Formular für Frau Schuster.

Andreas Maier
Schillerstr. 19 | 99094 Erfurt
Tel. 0361 569801 | a.maier@gmx.de

Ute Schuster
Bonnerstr. 12 • 64283 Darmstadt
Tel. 06151 355 477 12 • ute.schuster@web.de

Vorname	*Andreas*	*Ute*
Familienname	*Maier*	
Straße	*Schillerstraße*	
Hausnummer	*19*	
Postleitzahl	*99094*	
Stadt	*Erfurt*	
Land	*Deutschland*	
Telefonnummer	*0361 56 98 01*	
E-Mail-Adresse	*a.maier@gmx.de*	

Vorname: Magda
Familienname: Chav
Straße: ...
...

6 Persönliche Daten

1.33 **a Hören Sie. Welches Foto passt? Kreuzen Sie an.**

A ☐

B ☐

1.33 **b Hören Sie noch einmal. Richtig oder falsch? Kreuzen Sie an.**

	R	F
1. Ich heiße Maria Pereira Veloso.	☐	☒
2. Ich wohne in Hanau.	☐	☐
3. Meine Adresse ist: Kölner Straße 15.	☐	☐
4. Meine E-Mail-Adresse ist a-pereira@web.de.	☐	☐

c Was passt? Ordnen Sie zu.

Vorname?	Ich wohne in Hanau.
Familienname?	Ich heiße Maria.
Adresse?	Ich wohne in der Müllerstraße 12 in 63450 Hanau.
Wohnort?	Ich komme aus Brasilien.
E-Mail-Adresse?	Mein Familienname ist Pereira Veloso.
Herkunft?	Meine E-Mail-Adresse ist a-pereira@web.de.

1.34 **d Schritt für Schritt – Üben Sie.**

… Kamal. → … ist Kamal. → Mein Vorname ist Kamal.
… Said. → … ist Said. → Mein Familienname ist Said.

UND SIE?

Wählen Sie.

Wie heißen Sie? Spielen Sie. oder **Persönliche Daten – Schreiben Sie.**

Ich heiße …
Ich wohne in …
Meine Adresse ist …
Meine Telefonnummer ist …
Ich komme aus …

ÜBUNGEN

1 Ich komme aus ...

Ergänzen Sie.

● Hallo, wie heiß*en*............. Sie?

○ Ich heiß.................... Ute Schuster.

● Hallo, Frau Schuster, wie geh.................... es Ihnen?

○ Gut, danke.

● Woher komm.................... Sie, Frau Schuster?

○ Ich komm.................... aus Deutschland, aus München. Und Sie?

● Ich .... aus Eritrea.

e bin e en ~~en~~ t

2 Die Zahlen

1.35 **a Was hören Sie: a oder b? Markieren Sie.**

1. a 20	b 12	3. a 16	b 6	5. a 11	b 10
2. a 19	b 18	4. a 3	b 14	6. a 5	b 15

1.36 **b Hören Sie und ergänzen Sie.**

D M - A*X* 9*9*0	D N - U_ 7_ 1	D RO - C_ 4_ 0
D B - A_ 3_ 4	D F - A_ 66_	D _ - A 96_ 1

3 Meine Telefonnummer

a Schreiben Sie Frage und Antwort.

Meine • ist • Telefonnummer, • Nummer • ~~Wie~~ • bitte? • Ihre • 0175 563421. • ~~ist~~

● *Wie ist*..

○ ....

b Ergänzen Sie die Fragen.

Wie.............................. ist Ihre Telefonnummer?

.... geht es Ihnen?

.... kommen Sie? .... heißen Sie?

.... schreibt man das?

Woher Wie Wie Wie ~~Wie~~

4 Meine Stadt, mein Stadtviertel

Lesen Sie. Was stimmt?

Guten Tag. Ich heiße Nargis Zardari. Ich komme aus Pakistan, aus Islamabad. Ich wohne in Krefeld. Mein Stadtviertel heißt Bockum. Meine Telefonnummer ist 02151-447333.

1. (a) Ich heiße Nargis Zardori.
   (b) Ich heiße Narkis Zardari.
   (c) Ich heiße Nargis Zardari.
2. (a) Ich komme aus Pakistan.
   (b) Ich komme aus Afghanistan.
   (c) Ich komme aus Usbekistan.
3. (a) Ich wohne in Bochum.
   (b) Ich wohne in Krefeld.
   (c) Ich wohne in Brefeld.

5 Ein Formular

a Was ist das? Schreiben Sie die Wörter.

1. Salzburg
2. Österreich
3. Anna Monti
4. Schwarzstraße
5. 16

~~Stadt~~ Land Hausnummer Name Straße

1. Stadt
2.
3.
4.
5.

b Hören Sie. Richtig oder falsch? Kreuzen Sie an. 1.37

	R	F
1. p.puente@web.de	X	
2. l.parlak@gmx.de		
3. u.schuster@web.ch		
4. monti.a@gmx.at		

6 Persönliche Daten

Ergänzen Sie das Formular für Kamal.

Vorname	Kamal
Familienname	
Wohnort	
Adresse	
Telefonnummer	
E-Mail-Adresse	

Kamal Said

Marktstraße 17
44141 Dortmund
Tel. 0231-19588
kamal.said@web.de

TRAINING

Schreibtraining

1 Vorname – Familienname? Schreiben Sie Ihren Namen. Vergleichen Sie im Kurs.

Deutschland:		Ungarn:		Marokko:	
Ursula	Schulz-Fischer	Fehér	László	Rabia	El Abdullah
↑	↑	✕	✕	↑	↑
Vorname	Familienname	Vorname	Familienname	Vorname	Familienname

Ihr Land: ....

Ihr Name: ....
Vorname Familienname

2 Persönliche Daten – Ergänzen Sie das Formular.

Wie heißen Sie?	Vorname und Familienname:
Wo wohnen Sie?	Straße und Hausnummer:
Woher kommen Sie?	Postleitzahl und Stadt:
	Land:
Wie ist Ihre Telefonnummer?	Telefonnummer:
Wie ist Ihre E-Mail-Adresse?	E-Mail-Adresse:

3 Machen Sie eine Kursliste.

UNSER KURS
Carvalho, Paulo
El Abdullah, Rabia
Fehér, László
...

Sätze und Wörter

Schreiben Sie in Ihrer Sprache.

Woher kommen Sie? ....
Ich komme aus … ....
Ich bin aus … ....
Entschuldigen Sie, bitte. ....
Wie ist Ihre Telefonnummer? ....
Meine Telefonnummer ist … ....
Und Ihre? ....
Ergänzen Sie das Formular. ....
Wie ist Ihr Familienname? ....
Mein Familienname ist … ....
Wo wohnen Sie? ....
Ich wohne in … ....
Wie ist Ihre Adresse? ....
Meine Adresse ist … ....
Das ist richtig/falsch. ....
Wie ist Ihre E-Mail-Adresse? ....
Wie ist Ihre Handynummer? ....

Herkunft .... richtig ....
Wohnort .... falsch ....

Vorname .... **Anna Hobbs** .... Familienname
Straße .... **Schillerstraße 1** .... Hausnummer
Postleitzahl .... **82049 Pullach** .... Stadt
Deutschland .... Land

LERNEN LERNEN – Mit Kärtchen lernen: Fragen und Antworten

Schreiben Sie acht Lernkarten mit Fragen und Antworten zu Kapitel 2.

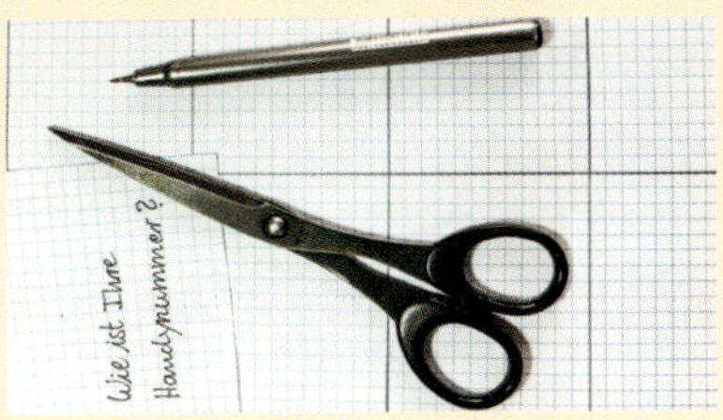

Vorderseite

Rückseite

AUSSPRACHE

1 Akzent

Den Akzent spricht man laut.
Deutschland / Tür**kei** / Af**gha**nistan
● • / • ● / • ● • •

♫ 1.38 **a Hören Sie und achten Sie auf den Akzent.**

♫ 1.38 **b Klatschen Sie und sprechen Sie dann.**

● • — **Deutsch** land • **drei** zehn • **Sehr** gut!
• ● — Tür **kei** • Ber **lin** • Frau **Kul** • Wie **geht's**? • Es **geht**.
• ● • • — Af **gha** nis tan • Auf **Wie** der seh en!

♫ 1.39 **c Hören Sie und lesen Sie mit. Achten Sie auf den Rhythmus.**

Ich **kom**me	aus der Tür**kei**	Ich komme aus der Tür**kei**. ↘
Ich **woh**ne	in Ber**lin**	Ich wohne in Ber**lin**. ↘
Mein **Na**me	ist Ma**ri**a	Mein Name ist Ma**ri**a. ↘

2 h-Laut

♫ 1.40 **a Sie hören und sprechen *h*. Hören Sie und sprechen Sie nach.**

heißen, hören, woher, hallo, Herkunft, in Hanau, in Bockenheim, aus Hamburg

♫ 1.41 **b Sie hören *h* nicht. Hören Sie und sprechen Sie nach.**

Afghanistan, zehn, Ihnen, wohnen – Wie geht es Ihnen? Sehr gut. Es geht.

MITEINANDER

Deutsch lernen in Deutschland – Was kennen Sie? Kreuzen Sie an.

A ☐

B ☐

C ☐

D ☐

Woher kommst du?

VORHANG AUF

Fragen und antworten Sie. Schreiben Sie eine Kursliste.

● Wie ist Ihr Familienname? ● Woher kommen Sie? ● Wie ist Ihre Adresse?

Vorname	Familienname	Land	Adresse
Faruk	....	....	....

Wie ist Ihr Vorname, bitte?

Faruk.

Mein Deutsch

Das kann ich:

Ich komme aus ⇢ **Spielen Sie Dialoge.**

Woher kommen Sie?

Ich komme aus …
Woher kommen Sie?

Meine Telefonnummer ⇢ **Ergänzen Sie die Frage und antworten Sie.**

Wi__ is__ Ih__e
Te__efo__num__er?

....

Meine Adresse ⇢ **Person A diktiert, Person B schreibt.**

Schillerstraße 10b …

Schillerstr

Das kenne ich:

G

Verben: Endungen

Infinitiv				
heiß/en	ich	heiß/e	Sie	heiß/en
komm/en	ich	komm/e	Sie	komm/en
wohn/en	ich	wohn/e	Sie	wohn/en
sein	ich	bin	Sie	sind

W-Fragen

W-Wort	Verb	Subjekt
Wie	heißen	Sie?
Woher	kommen	Sie?
Wo	wohnen	Sie?
Wie	ist	Ihre Telefon-nummer?

Aussagen

Subjekt	Verb	Ergänzung
Ich	heiße	Gül Parlak.
Ich	komme	aus der Türkei.
Ich	wohne	in Berlin-Mitte.
Meine Telefon-nummer	ist	0175 123 123 11.

3 Wie heißt das auf Deutsch?

1 der Tisch
2 der Stuhl
3 die Tafel
4 die Weltkarte
5 das Wörterbuch
6 das Heft
7 der Kuli
8 der Bleistift
9 das Deutschbuch
10 der Radiergummi

1 Dinge im Deutschkurs

1.42 **a Hören Sie und zeigen Sie die Wörter auf den Fotos.**

1.43 **b Hören Sie und klatschen Sie.**

das Heft	die Tafel	die Weltkarte	der Radiergummi
• ●	• ● •	• ● • •	• • ● • •

c Klatschen Sie und sprechen Sie.

das Heft • der Tisch • der Stuhl • der Bleistift • die Tafel • das Deutschbuch • der Kuli • das Wörterbuch • die Weltkarte • der Radiergummi

d **Schreiben Sie Zettel und üben Sie.**

Stuhl, der Stuhl.

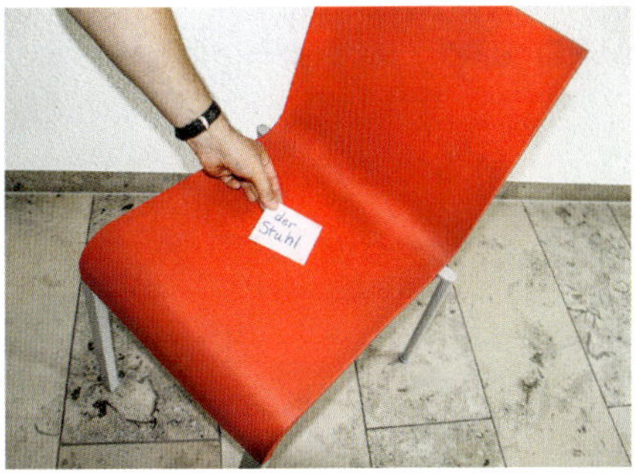

2 Wie heißt das auf Deutsch?

1.44 **a** **Hören Sie. Welches Wort passt? Schreiben Sie.**

die Lehrerin — der Computer — ~~das Handy~~

A: das Handy ……
B: ……
C: ……

1.44 **b** **Hören Sie noch einmal und sprechen Sie mit.**

● Wie heißt das auf Deutsch? ○ Das heißt …

1.45 **c** **Schritt für Schritt – Üben Sie.**

… Deutsch? → … auf Deutsch? → Wie heißt das auf Deutsch?
… Handy. → … heißt Handy. → Das heißt Handy.

UND SIE?

Fragen und antworten Sie. Wählen Sie.

Zeigen Sie. oder **Zeichnen Sie.**

3 Der, das, die

a Ordnen Sie zu.

~~die Uhr~~ die Tafel der Stuhl das Deutschbuch ~~der Kuli~~ ~~das Heft~~ das Handy die Weltkarte die Tasse das Wörterbuch der Computer der Radiergummi der Tisch das Mäppchen die Lehrerin

der	das	die
der Kuli	das Heft	die Uhr

1.46 **b Wählen Sie.**

Hören Sie und schreiben Sie die Artikel. **oder** **Schreiben Sie die Artikel und hören Sie zur Kontrolle.**

das .... Buch	.... Handy
.... Computer	.... Weltkarte
.... Uhr	.... Mäppchen
.... Lehrerin	.... Kuli
.... Heft	.... Radiergummi

c Kettenspiel – Wiederholen Sie die Wörter aus 3a. Spielen Sie.

d **Schreiben Sie die Wörter mit Artikel an die Tafel. Sagen Sie sie laut. Spielen Sie „Tafelwischen".**

die Uhr, der Stuhl, das Wörterbuch,
die Weltkarte, der Computer, das Handy

die Uhr, der Stuhl, das Wörterbuch,
die Weltkarte, der Computer, das Handy

e **Spielen Sie noch einmal mit anderen Wörtern.**

4 So schreibt man das.

1.47 **a** **Hören Sie und lesen Sie.**

Stift • Stuhl • Stadt • Buchstabe • spielen • sprechen • Sprache

1.47 **b** **Hören Sie noch einmal und sprechen Sie nach.**

1.47 **c** **Hören Sie und schreiben Sie.**

1. der S t ift
2. der __ __uhl
3. die __ __adt
4. der Buch__ __abe
5. __ __ielen
6. __ __rechen
7. die __ __rache

Sie hören:	**Sie schreiben:**
sch-t	**St**ift, **St**uhl …
sch-p	**sp**ielen, **sp**rechen …

5 Du oder Sie?

1.48 **a Hören Sie und lesen Sie mit.**

● Papa, Papa!
○ Hallo, hallo mein Schatz. Gül, das ist meine Frau Flori. Flori, das ist Gül Parlak. Sie kommt aus der Türkei.
◐ Guten Tag, Frau Parlak. Wie geht es Ihnen?
◑ Hallo, Frau Al-Samir. Danke, gut. Und du, wie heißt du?
● Pau.
○ Er heißt Paul.
◑ Hallo Paul. Und auf Wiedersehen. Bis morgen, Jussuf.
◐ Wiedersehen, Frau Parlak.

1.49 **b Bilder und Dialoge – Ordnen Sie zu.**

A ☐

B ☐

C *1*

1. ● Wie heißen Sie?
   ○ Said. Kamal Said.
   ● Woher kommen Sie?
   ○ Ich komme aus Syrien.

2. ● Ben, was machst du hier?
   ○ Ich lerne Deutsch. Und du?
   ● Chinesisch.

3. ● Wie heißt du?
   ○ Banu, und du?
   ● Ich heiße Finn.
   ○ Hallo, Finn.

c Schreiben Sie in der du-Form.

Wie heißen Sie? *Wie heißt du?*
Woher kommen Sie? ....
Wo wohnen Sie? ....

G

ich heiß**e**	ich komm**e**	ich wohn**e**
du heiß**t**	du komm**st**	du wohn**st**
Sie heiß**en**	Sie komm**en**	Sie wohn**en**

d Schreiben Sie Kärtchen und spielen Sie: Kärtchen ziehen – würfeln – sprechen.

 + *heißen* = du heißt

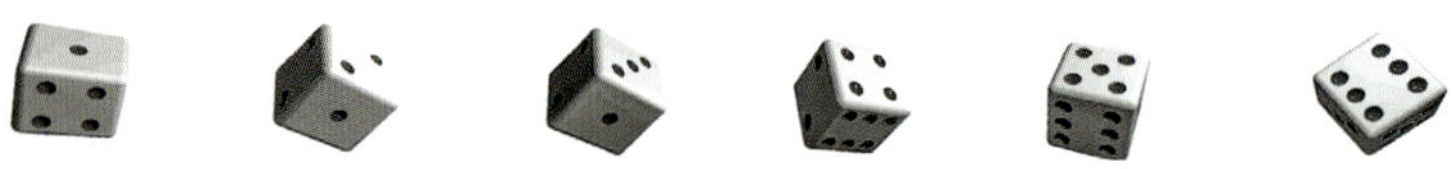

ich du er/sie wir ihr sie

kommen *wohnen*

UND SIE?

Fragen und antworten Sie.

Wie heißt du?
Woher kommst du?
Wo wohnst du?

6 Er, es, sie

🎧 1.50 **a Hören Sie. Wer spricht da? Kreuzen Sie an.**

	er	es	sie
1.	X	☐	☐
2.	☐	☐	☐
3.	☐	☐	☐
4.	☐	☐	☐

G

der Mann	das Kind	die Frau
er	es	sie

b Ordnen Sie zu.

~~Ben~~ ~~die Uhr~~ ~~das Heft~~ Frau Schuster das Kind Paul der Mann Marie Herr Bieber die Frau das Buch das Baby

er	es	sie
Ben	das Heft	die Uhr

c Schreiben Sie die Frage und die Antwort.

1. Ali? – Marokko.
2. Donika? – Albanien.
3. Pablo? – Spanien.
4. John? – Indien.
5. Ute? – Deutschland.
6. Ana? – Brasilien.

Woher kommt Ali? Er kommt aus Marokko.
Woher kommt Donika? Sie …

G

Ich	komm**e** aus …
Pablo **Er**	komm**t** aus …
Ana **Sie**	komm**t** aus …

UND SIE?

Sprechen Sie im Kurs.

ÜBUNGEN

1 Dinge im Deutschkurs

Schreiben Sie richtig.

der/bleistift/dietafeldertischdaswörterbuchderstuhldieweltkarte dasheftderradiergummi

der Bleistift, ...

....

2 Wie heißt das auf Deutsch?

1.51 **Ergänzen Sie den Dialog.**

- ● Wie .... heißt das auf Deutsch?
- ○ Das weiß .... nicht.
- ◐ Das heißt ....
- ● Und wie heißt das auf ....?
- ◐ Kuli. .... heißt Kuli.

Wörterbuch • Das • ~~Wie~~ • ich • Deutsch

3 Der, das, die

a Schreiben Sie die Wörter mit Artikel.

Heft, Tasse, Radiergummi, Weltkarte, Deutschbuch, Computer, Tisch, Wörterbuch, Stuhl, Lehrerin, Handy, Tafel

der	das	die
....	das Heft	....
....	....	....
....	....	....
....	....	....

b Schreiben Sie die Wörter mit Artikel.

der Tisch

....

....

....

4 So schreibt man das.

Finden Sie die Wörter. Schreiben Sie die Wörter. Sprechen Sie laut.

M	T	I	T	S	Ü	S	T	U	H	L
L	S	P	R	A	C	H	E	M	B	E
A	B	L	E	I	S	T	I	F	T	Ü
Ä	P	S	P	I	E	L	R	E	N	K
G	S	P	R	E	C	H	E	N	L	I
M	Ö	T	T	G	C	S	T	A	D	T

1. der Stuhl
2. die Sprache
3. ……
4. ……
5. ……
6. ……

5 Du oder Sie?

Schreiben Sie.

du	Sie
Wie heißt du?	Wie heißen Sie?
Woher kommst du?	
	Wo wohnen Sie?
Was machst du?	

6 Er, es, sie

a Ergänzen Sie.

1. Das ist Ali. Er kommt aus Marokko.
2. Das ist Emine. …… kommt aus der Türkei.
3. Das ist Roland. …… kommt aus Kenia.
4. Das ist Marta. …… kommt aus Polen.

b Ergänzen Sie die Dialoge.

Woher kommen Sie? • ~~Wie heißen Sie bitte?~~ • Ich lerne auch Deutsch. • Hallo, Alisa, wie geht's? • Wo wohnen Sie? • Gut. Was machst du hier?

Dialog 1

● Wie heißen Sie bitte?
○ Ich heiße Alisa Saidi.
● ……
○ Ich komme aus Tunesien.
● ……
○ Ich wohne in Berlin.

Dialog 2

● ……
○ Sehr gut. Und dir?
● ……
○ Ich lerne Deutsch. Und du?
● ……

TRAINING

Schreibtraining

1 Ergänzen Sie die Vokale und schreiben Sie die Wörter.

e e i a e a u ie ei u a u u a eu e o e i a e e u

1. Hft	das	Heft
2. Tss	die	
3. Hndy	das	
4. Tfl	die	
5. Blstft	der	
6. Dtschbch	das	
7. Wltkrt	die	
8. Cmptr	der	
9. Bchstb	der	
10. Rdrgmm	der	

2 Schreiben Sie die Sätze.

1. Jamiila kommt Eritrea aus . Sie Frankfurt . wohnt in

Jamiila kommt ...

2. Jordanien aus Munir kommt . Deutsch lernt . Er

TIPP: Lernen Sie Wörter immer mit Artikel.

LERNEN LERNEN – Wörter mit Artikel lernen

Schreiben Sie Lernkarten.

die Uhr	der Tisch	das Buch
(Ihre Sprache)		

Sätze und Wörter

Schreiben Sie in Ihrer Sprache.

Wie heißt das auf Deutsch? ....

Das heißt … ....

Das weiß ich nicht. ....

Wie heißt du? ....

Wie heißt er? ....

Er heißt … ....

Was machst du hier? ....

Ich lerne Deutsch. ....

Das ist Frau … ....

Woher kommst du? ....

Woher kommt sie? ....

Sie kommt aus … ....

Bis morgen. ....

Nomen

der Bleistift
....

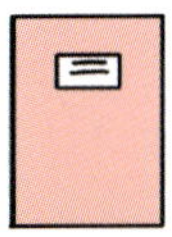
das Heft
....

der Radiergummi
....

das Buch
....

das Kind
....

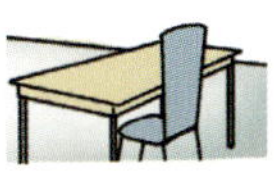
der Stuhl, der Tisch
....

der Computer
....

der Kuli
....

die Tafel
....

die Frau
....

die Lehrerin
....

das Wörterbuch
....

das Handy
....

der Mann
....

1 sch, sp, st

♫ 1.52 **Hören Sie und sprechen Sie nach.**

Deutsch – sprechen – klatschen – schreiben – spielen – Stadt

Ich lerne Deutsch in Deutschland. ↘
Ich lerne sprechen und schreiben! ↘

Sie schreiben		Sie hören und sprechen
sch	Deutsch	„sch“
sp	sprechen	„schp“
st	Stadt	„scht“

2 s-Laute

♫ 1.53 **a** ***s(t), ss, ß*** **– Hören Sie und sprechen Sie nach.**

der Kurs • die Tasse • eins • das • aus Tunis • du wohnst • du kommst • du heißt

- Wie heißt das? ↗
- Wie heißt der Kurs? ↗
- Das weiß ich nicht. ↘
- Das weiß ich nicht. ↘
- Das heißt Tasse. ↘
- Das ist Kurs eins. ↘

♫ 1.54 **b** ***st*** **und** ***scht*** **– Hören Sie und sprechen Sie nach. Wie heißt die Regel?**

du kommst – die Stadt du wohnst – der Stuhl du heißt – der Stift

♫ 1.55 **c** ***s*** **– Hören Sie und sprechen Sie nach.**

sieben • sehr gut • Serbien • lesen • wiedersehen • aus • der Kurs • eins • das • es

Sie sind aus Serbien. ↘ Selin kommt aus Tunis. ↘

aus, der Kurs, das, eins
lesen, Sie sind sehr gut!

MITEINANDER

Du (D) oder Sie (S)? Schreiben Sie.

VORHANG AUF

Spielen Sie: würfeln – fragen – antworten.

- Wie heißt das?
- Woher kommst du?
- Wie heißt du?
- Wo wohnen Sie?

Wie heißt das auf Deutsch?

Mein Deutsch

Das kann ich:

Wie heißt das auf Deutsch? - - - - - - - - - - - - → **Fragen und antworten Sie.**

Wie heißt das?

Bleistift, der Bleistift.

Und du? Und Sie? - - - - - - - - - - - - - - - - - - → **Fragen Sie.**

kommst   machst   heißt

Wie … du?	Ich heiße Pavel.
Woher … du?	Ich komme aus Polen.
Was … du hier?	Ich lerne Deutsch.

Wer ist das? - → **Schreiben Sie.**

Karim

aus Marokko

lernt Deutsch

Das ist Karim.
Er kommt …
Er …

Das kenne ich:

G

Artikel: ***der, das, die***

der	das	die
der Bleistift	das Heft	die Tafel
der Stuhl	das Wörterbuch	die Tasse
…	…	…

Personalpronomen: ***er, es ,sie***

der Mann	das Kind	die Frau
er	es	sie

Beispiel:
Der Mann heißt Peter. Er kommt aus Österreich.
Das Kind heißt Leyla. Es kommt aus der Türkei.
Die Frau heißt Monika. Sie kommt aus Deutschland.

4 Das ist meine Tochter.

1 Die Familie

1.56 **a Sehen Sie die Fotos an. Hören Sie und zeigen Sie die Personen.**

1.56 **b Hören Sie noch einmal. Schreiben Sie die Wörter an die richtige Stelle.**

der Sohn • die Tochter • die Schwester • der Bruder

1.57 **c Hören Sie und sprechen Sie nach. Markieren Sie _ lang oder . kurz.**

der Vater	die Tochter	die Mutter	der Sohn	
die Schwester	der Bruder	die Kinder	die Eltern	die Geschwister

d Schreiben Sie.

die Eltern: der Vater, die .... die Geschwister: ....

die Kinder: .... die Großeltern: ....

2 Meine Mutter, mein Vater, mein Kind

a Lesen Sie und ordnen Sie zu.

(A) 3

(B) ☐

(C) ☐

(D) ☐

1. Das ist mein Kind. Es heißt Sascha.
2. Das sind meine Eltern. Sie wohnen in Innsbruck.
3. Das ist meine Frau. Sie heißt Manju und kommt aus Indien.
4. Das bin ich. Das ist mein Opa. Er heißt Alfonso und wohnt in Frankfurt.

b Schreiben Sie: *mein* oder *meine*.

die Schwester • der Sohn • die Mutter • die Kinder • der Vater • die Frau • der Mann • die Oma • die Eltern • der Opa • die Geschwister • die Tochter • die Großeltern

die Schwester – meine Schwester

G

der Vater →	**mein Vater**
das Kind	**mein** Kind
die Mutter	**meine** Mutter
di**e** Eltern	mein**e** Eltern

UND SIE?

a Wie heißt ...? Schreiben Sie auf Zettel.

Mein Vater heißt Tekin. Meine Schwester heißt Azra.
Meine Großeltern heißen Mehmet und Selin. Mein Sohn heißt Berat.
(Gül)

b Tauschen Sie. Lesen Sie.

Der Vater von ... heißt ...
Das Kind von ... heißt ...
Die Mutter von ... heißt ...
Die Kinder von ... heißen ...

3 Wie alt sind Sie?

1.58 **a Hören Sie die Zahlen und lesen Sie mit.**

20 zwanzig	21 einundzwanzig	22 zweiundzwanzig	23 dreiundzwanzig	24 vierundzwanzig	25 fünfundzwanzig
26 sechsundzwanzig	27 siebenundzwanzig	28 achtundzwanzig	29 neunundzwanzig	30 dreißig	40 vierzig
50 fünfzig	60 sechzig	70 siebzig	80 achtzig	90 neunzig	100 hundert

b Markieren Sie wie im Beispiel.

22 → zweiundzwanzig

23 dreiundzwanzig

27 siebenundzwanzig

35 fünfunddreißig

51 einundfünfzig

78 achtundsiebzig

94 vierundneunzig

1.58 **c Hören Sie noch einmal und sprechen Sie nach.**

d Spielen Sie Zahlendreher.

UND SIE?

Fragen Sie im Kurs. Stellen Sie sich in einer Reihe auf.

Wie alt sind Sie?

Ich bin 19 Jahre alt.

4 Haben Sie Kinder?

1.59 **a Hören Sie und lesen Sie mit.**

1. ● Frau Klein, haben Sie Kinder?
   ○ Ja, ich habe drei Kinder.
   ● Wie alt sind sie?
   ○ Meine Kinder sind 6, 12 und 14 Jahre alt.

2. ◐ Oliver, haben Sie Kinder?
   ◑ Nein, ich habe keine Kinder. Und Sie?
   ◐ Ich habe zwei Kinder. Meine Tochter ist 9 und mein Sohn ist 13.

3. ◓ Elena, haben Sie Kinder?
   ◒ Ja, ich habe ein Kind. Meine Tochter ist 2.
   ◓ Sie ist noch klein! Meine Kinder sind groß. Sie sind 28 und 34.

1.59 **b Was ist richtig? Hören Sie und kreuzen Sie an.**

	R	F
1. Frau Klein hat drei Kinder.	☒	☐
2. Oliver hat ein Kind.	☐	☐
3. Elena hat keine Kinder.	☐	☐

c Was passt? Ergänzen Sie.

~~ist~~ sind ist ist sind bin

1. Mein Kind ...ist... zwei Jahre alt.
2. Mein Sohn .... 13 Jahre alt.
3. Ich .... 43 Jahre alt.
4. Meine Kinder .... 9 und 13 Jahre alt.
5. Meine Schwester .... 25 Jahre alt.
6. Meine Geschwister .... 15 und 19.

G

Ich bin ...
Er **ist** ...
Sie **ist** ...
Sie **sind** ...

1.60 **d Schritt für Schritt – Üben Sie.**

... Kinder? → ... Sie Kinder? → Haben Sie Kinder?
... drei Kinder. → ... ich habe drei Kinder. → Ja, ich habe drei Kinder.
... keine Kinder. → ... ich habe keine Kinder. → Nein, ich habe keine Kinder.

UND SIE?

Haben Sie Kinder? Fragen Sie und antworten Sie mit *Ja* oder *Nein*.

Haben Sie Kinder?

Ja, ich habe ein Kind.

Nein, ich habe keine Kinder.

5 Ledig, verlobt, verheiratet, getrennt, geschieden

1.61 **a Hören Sie und schreiben Sie die Wörter an die richtige Stelle.**

~~ledig~~ geschieden getrennt verheiratet verlobt

1. *ledig* .... 2. .... 3. .... 4. .... 5. ....

1.62 **b Hören Sie und lesen Sie.**

- Frau Schuster, sind Sie verheiratet?
- Nein, ich bin geschieden. Und Sie, Gül?
- Ich bin verheiratet. Ich habe zwei Kinder.
- Und Sie, Ewa?
- Ich bin nicht verheiratet, aber ich habe einen Freund. Wir sind verlobt.
- Und ich bin ledig.

1.63 **c Hören Sie und sprechen Sie nach. Markieren Sie _ lang oder . kurz.**

ledig • verlobt • verheiratet • getrennt • geschieden

UND SIE?

a Kreuzen Sie an.

Familienstand:
☐ ledig ☐ verheiratet ☐ geschieden
Kinder: ....

b Schreiben Sie.

Ich bin verheiratet. Ich habe drei Kinder. Meine Kinder sind 4, 5 und 8 Jahre alt.

c Wählen Sie.

Zeigen Sie Familienfotos. Erzählen Sie. oder **Fragen und antworten Sie.**

Das ist meine Tochter.
Sie heißt Aylin.
Sie ist 20 Jahre alt.
Sie ist verheiratet.

Bist du verheiratet?
Ja.
Nein, ich bin ledig.

6 Sprechen Sie bitte langsam.

1.64 **a Hören Sie und nummerieren Sie die Dialoge.**

b Lesen Sie die Dialoge zu zweit vor.

Dialog ....
- ● Meine Tochter heißt Veronika.
- ○ Wie schreibt man das?
- ● V e r o n i k a .

Dialog ....
- ● Wo wohnen Sie, bitte?
- ○ Sprechen Sie bitte langsam.
- ● W o w o h n e n S i e , b i t t e ?

Dialog ....
- ● Ich bin 26 Jahre alt.
- ○ Sprechen Sie bitte laut.
- ● Ich bin 26 Jahre alt.

Dialog ..1..
- ● Sind Sie verheiratet?
- ○ Wiederholen Sie bitte.
- ● Sind Sie verheiratet?

1.64 **c Hören Sie noch einmal. Was sagen die Kursteilnehmer? Schreiben Sie.**

1

....
....bitte.

2

Sprechen ....
....

3

....
....laut.

4
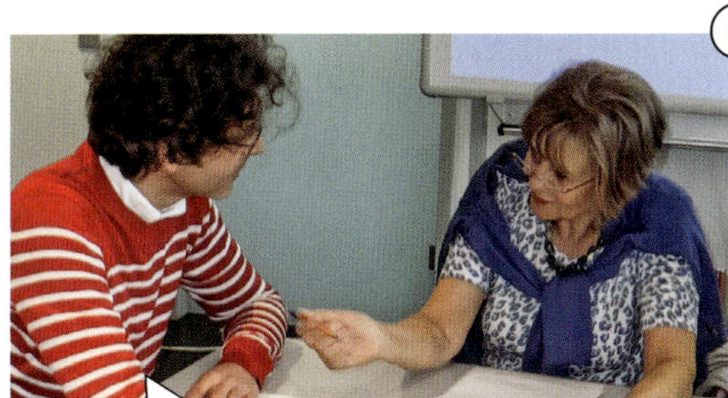

Wie ....
....?

UND SIE?

Sprechen Sie.

Ich heiße Magda.

Sprechen Sie bitte langsam.

I c h h e i ß e M a g d a .

ÜBUNGEN

1 Die Familie

a Schreiben Sie die Wörter.

ich

die Kinder
die Großeltern
die Geschwister
~~die Eltern~~

 Claudia + Emilio 

die Eltern

 Maria + Julio 

....

 Alina + Manuel 

....

 Ava + Miguel 

....

b Ergänzen Sie.

Mutter ~~Oma~~ Vater Schwester Bruder Tochter Opa Sohn

Die Oma heißt Maria. Der .... heißt Miguel.
Der .... heißt Julio. Die .... heißt Alina.
Die .... heißt Claudia. Der .... heißt Emilio.
Der .... heißt Manuel. Die .... heißt Ava.

2 Meine Mutter, mein Vater, mein Kind

a Ordnen Sie die Wörter aus 1a und 1b zu.

 weiblich	 männlich	 Plural
die Oma	....	....
....	....	....

b Ergänzen Sie die Sätze.

wohnt lernt kommt kommen lernen ~~wohnen~~ kommt wohnt

Meine Geschwister wohnen in Italien. Meine Schwester .... in Rom.
Mein Bruder .... in Mailand. Meine Eltern .... aus dem Irak.
Meine Mutter .... aus Bagdad. Mein Vater .... aus Arbil.
Meine Kinder .... Sprachen. Mein Sohn .... Französisch.

3 Wie alt sind Sie?

Schreiben Sie die Dialoge.

1. ? / Wie / alt / Sie / sind
   alt. / Ich / 35 / Jahre / bin
2. ? / alt / Wie / du / bist
   18 / bin / alt. / Ich / Jahre
3. ? / sind / Wie / alt / Sie
   65 / Ich / alt. / Jahre / bin

1. ● Wie alt sind Sie?
   ○ Ich bin 35 Jahre alt.
2. ● ....
   ○ ....
3. ● ....
   ○ ....

4 Haben Sie Kinder?

Welche Wörter schreibt man groß?

● ~~h~~ H err efe, haben sie kinder?
○ ja, ich habe fünf kinder.
● wie alt sind sie?
○ meine kinder sind 3, 5, 12, 14 und 18 jahre alt.

◐ brigitte, hast du kinder?
◑ ja, ich habe zwei kinder. und du?
◐ ich habe ein kind. mein sohn ist 19 jahre alt.
◑ oh, er ist schon groß. meine kinder sind klein.

5 Ledig, verlobt, verheiratet, getrennt, geschieden

Ordnen Sie zu.

1 [b]

2 [ ]

3 [ ]

4 [ ]

5 [ ]

a) Horst und Irina sind geschieden.
b) Karina ist ledig.
c) Meine Frau und ich sind verheiratet.
d) Herr und Frau Matei sind getrennt.
e) Lisa und Abel sind verlobt.

6 Sprechen Sie bitte langsam.

1.65 **Hören Sie. Ergänzen Sie den Dialog.**

Sprechen Sie bitte langsam. Wiederholen Sie bitte. Wie schreibt man das?

○ Guten Tag, ich heiße Florin Teglas.
● Guten Tag. Wo wohnen Sie, Herr Teglas?
○ ....
● Wo wohnen Sie, Herr Teglas?
○ In Höchst. Hostatostr. 124.
● ....
○ Ich wohne in Höchst. Hostatostr. 124.
● ....
○ H O S T A T O und dann Straße.
● Ach so, Hostatostraße. Danke.

TRAINING

Schreibtraining

1 **Markieren Sie die Wortgrenzen (|) und die Satzgrenze (|). Schreiben Sie die Sätze. Achten Sie auf Groß- und Kleinschreibung.**

1. frau|aziz|hat|zwei|kinder|sieheißenhelinundzoro

Frau Aziz hat zwei Kinder.

Sie

2. mariaunddahirhabeneinkindesistnochklein

3. sabineundnorbertsindverheiratetsiehaben zweikinderdiekindersind24und21jahrealt

2 **Schreiben Sie in Ihr Heft.**

Saleim und Nagham
53 und 42
verheiratet
Sohn, Hannah, 16
Tochter, Joy, 11

Saleim und Nagham sind 53 und 42 Jahre alt.

LERNEN LERNEN – Mit Kärtchen lernen: Sätze

Schreiben Sie Lernkarten.

Vorderseite

verheiratet
Ich bin verheiratet.

Vorderseite

mein/meine
Mein Sohn heißt Leo.
Meine Tochter heißt Lena.

Rückseite

Ihre Sprache

Rückseite

Ihre Sprache

Sätze und Wörter

Schreiben Sie in Ihrer Sprache.

Das sind meine Eltern. ....

Das ist meine Familie. ....

Haben Sie Kinder? ....

Ich habe ein Kind. ....

Ich habe … Kinder. ....

Ich habe keine Kinder. ....

Wie alt sind sie? ....

Meine Kinder sind groß. ....

Meine Tochter ist noch klein. ....

Mein Sohn ist … Jahre alt. ....

Bist du verheiratet? ....

Nein, ich bin ledig. ....

Ich bin verlobt. ....

Ich bin geschieden. ....

Ich bin getrennt. ....

Ich habe einen Freund. ....

Der Vater von Anna heißt … ....

Nomen

der Bruder ....

die Ehefrau ....

der Ehemann ....

die Eltern ....

der Familienstand ....

die Geschwister ....

die Großeltern ....

das Kind ....

die Mutter ....

die Oma ....

der Onkel ....

der Opa ....

die Schwester ....

der Sohn ....

die Tante ....

die Tochter ....

der Vater ....

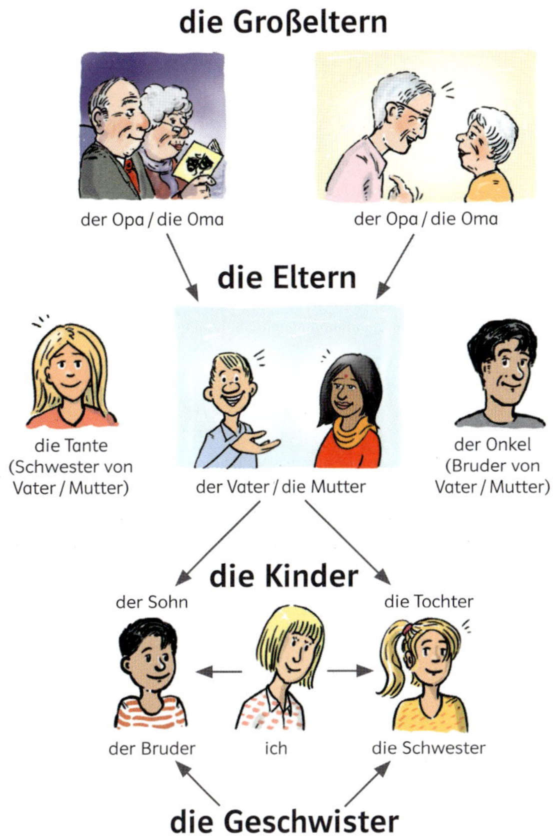

1 r und -er(n)

♫ 1.66 **a Hören Sie *r* und markieren Sie. Sprechen Sie dann.**

die Frau • mein Vater • mein Freund • die Mutter • meine Eltern • drei Kinder • zwei Jahre • mein Bruder • Deutsch sprechen • die Schwester • meine Tochter • getrennt • vier Geschwister • der Lehrer • der Computer • schreiben

„r": Frau, Russland
„a": Vater, Mutter, Eltern, vier

♫ 1.67 **b Hören Sie und sprechen Sie nach.**

Ich heiße Peter. ↘ Ich bin verheiratet. ↘ Meine Frau ist vierundfünfzig Jahre alt. ↘
Meine Eltern wohnen in Russland. ↘ Meine Großeltern sprechen Deutsch. ↘

2 Kleine Pausen im Satz

♫ 1.68 **Hören Sie und sprechen Sie nach.**

Das ist Regina. ↘ Sie ist die Schwester von Ewa. ↘
Meine Schwester ist verheiratet. ↘ Sie hat vier Kinder. ↘
Peter hat zwei Brüder und eine Schwester. ↘ Er hat keine Kinder. ↘

3 z, -ig

♫ 1.69 **Hören Sie und sprechen Sie nach.**

„ts" die Zahl • zwei • zehn • zwölf • zwanzig • vierzig
„ich" zwanzig • dreißig • vierzig • richtig • wichtig

„ts": die Zahl, fünfzig
„ich": zwanzig, richtig

MITEINANDER

Familie in Deutschland – Was kennen Sie? Kreuzen Sie an.

A ☐

B ☐

C ☐

D ☐

VORHANG AUF

Meine Familie — Spielen Sie Buchstabensalat.

Vater

Mein Deutsch

Das kann ich:

Zahlen - - - - - - - - - - - - - - - - - - - → **Fragen Sie und antworten Sie.**

Wie ist Ihre Telefonnummer?

Wie alt sind Sie?

Familie - - - - - - - - - - - - - - - - - - - → **Schreiben Sie.**

Das ist meine Schwester.
Sie heißt Ella.
Sie ist 32 Jahre alt.
Sie ist verheiratet.

Das ist mein/meine …
Er/Sie heißt …
Er/Sie ist … Jahre alt.
Er/Sie ist ledig/verlobt/geschieden/getrennt/verheiratet.

Das kenne ich:

G

Verben: *sein*

Ich bin 15.

Er ist 78.

Sie ist 45.

Sie sind 45 und 78.

ich	**bin**
er	**ist**
sie	**ist**
sie	**sind**

Plural: *die*

der Vater
die Mutter
→ **die** Eltern

Possessivpronomen: *mein*

der Vater – mein Vater
das Kind – mein Kind

die Mutter – mein**e** Mutter
die Eltern – mein**e** Eltern

5 Was kosten die Eier?

1. der Fisch ....

2. ....

3. ....

4. ....

5. ....

6. ....

7. ....

8. ....

9. ....

10. ....

11. ....

12. ....

13. ....

14. ....

15. ....

16. ....

1 Lebensmittel auf Deutsch

a Was kennen Sie? Sammeln Sie.

Kaffee   Zucker   Banane   Bohnen

der Kaffee   die Banane
der Zucker

b Was kennen Sie auf den Fotos oben? Ordnen Sie zu.

das Obst   das Gemüse   das Brot   der Kaffee   das Fleisch   der Käse
~~der Fisch~~   die Kartoffel   die Milch   die Nudeln (Plural)   das Wasser
der Saft (Apfelsaft)   die Schokolade   der Reis   die Wurst   der Tee

1.70 **c Hören Sie und schreiben Sie.**

1.71 **d Hören Sie und sprechen Sie. Markieren Sie _ lang oder . kurz.**

das Gemüse • der Kaffee • die Kartoffel • die Nudeln • die Schokolade • die Wurst

2 Ich esse gerne ...

1.72 **a Hören Sie. Was isst und trinkt Sandra gerne oder nicht gerne? Notieren Sie.**

☺ gerne	☹ nicht gerne
Käse	Fleisch

1.73 **b Schritt für Schritt – Üben Sie.**

... Schoko<u>la</u>de. → ... gerne Schoko<u>la</u>de. → Ich esse gerne Schoko<u>la</u>de.
... Kar<u>tof</u>feln. → ... nicht gerne Kar<u>tof</u>feln. → Ich esse nicht gerne Kar<u>tof</u>feln.
... <u>Milch</u>. → ... nicht gerne <u>Milch</u>. → Ich trinke nicht gerne <u>Milch</u>.

c Spielen Sie. Wählen Sie.

Sprechen Sie. Verlängern Sie den Satz.

Ich esse gerne Reis.

Ich esse gerne Reis und Fleisch.

Ich esse gerne Reis, Fleisch und ...

oder

Schreiben Sie vier Wörter auf Kärtchen. Legen Sie drei auf den Tisch. Was fehlt?

das Obst | der Reis | das Wasser | ...

Das Fleisch? – Nein.

Das Gemüse? – Ja.

UND SIE?

a Was essen und trinken Sie gerne? Was essen und trinken Sie nicht gerne?

b Erzählen Sie im Kurs.

Ewa isst gerne Reis und Bohnen. Sie isst nicht gerne Käse. Sie trinkt gerne Tee. Sie trinkt nicht gerne Milch.

G

ich ess**e**	ich trink**e**
du **isst**	du trink**st**
er/sie **isst**	er/sie trink**t**

3 Supermarkt

🎧 1.74 **a Lesen Sie und hören Sie. Schreiben Sie die Wörter zu den Bildern.**

der Einkaufswagen ~~der Gang~~ das Regal hinten ~~links~~ rechts vorne

1. der Gang

2. ....

3. ....

4. links
5. ....

6. ....
7. ....

b Ergänzen Sie die Wörter.

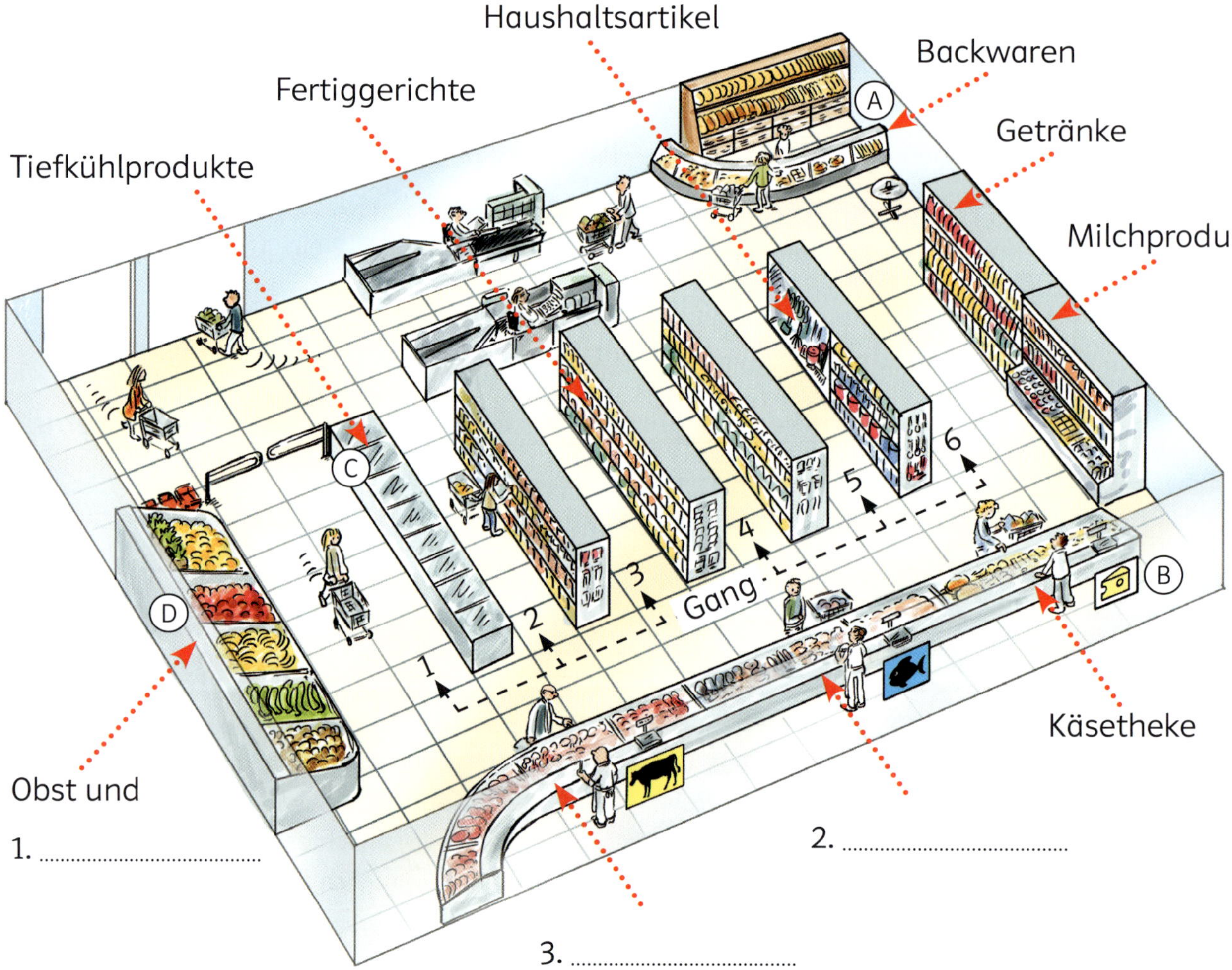

Obst und
1. ....

2. ....

3. ....

👥 **c Finden Sie diese Wörter im Bild. Markieren Sie.**

die Tiefkühlprodukte • die Fertiggerichte • die Backwaren • die Käsetheke

1.75 **d Hören Sie und sprechen Sie. Markieren Sie _ lang oder . kurz.**

Fleisch • Fisch • Tiefkühlprodukte • Fertiggerichte • Backwaren • Käsetheke

1.76 **e Wo ist was? Hören Sie und schreiben Sie die Buchstaben.**

Dialog 1: D Dialog 2: …… Dialog 3: …… Dialog 4: ……

1.77 **f Schritt für Schritt – Üben Sie.**

… Getränke? → … wo finde ich Getränke? → Entschuldigung, wo finde ich Getränke?
… Wurst? → … haben Sie Wurst? → Entschuldigung, haben Sie Wurst?

g Fragen und antworten Sie.

Entschuldigung, wo finde ich Orangensaft?
In Gang 6 vorne links.

Haben Sie Zucker?
Ja, in Gang 5 hinten rechts.

Wo finde ich Gemüse?
Gleich hier links.

4 Die Kartoffeln

a Ergänzen Sie die Tabelle. Markieren Sie dann die Pluralendung.

Singular	Plural	Singular	Plural
die Kartoffel	die Kartoffeln	……	die Camemberts
……	die Bohnen	……	die Pizzas
……	die Brote	……	die Äpfel
……	die Bananen	……	die Würste
……	die Kuchen	……	die Säfte

b Schreiben Sie die Wörter aus 4a in die Tabelle.

Obst + Gemüse	Backwaren	Käse + Wurst	Getränke
die Kartoffel	der Kuchen		

UND SIE?

Was kaufen Sie im Supermarkt? Machen Sie eine Liste.

5 Einkaufen

a Üben Sie die Zahlen.

A sagt eine Zahl,
B sagt die drei Zahlen danach.

b Lesen Sie die Preise laut.

Zwei Euro neunundzwanzig.

Neunundsiebzig Cent.

1.78 **c Ansagen im Supermarkt – Was hören Sie? Markieren Sie.**

UND SIE?

Was kostet der Einkauf? – Notieren Sie die Preise in verschiedenen Läden. Berichten Sie im Kurs.

Wassermelone (1)
Marmelade (Glas)
Reis (1 Kilo)
Milch (1 Liter)
Tomaten (1 Kilo)
Mineralwasser (Kasten)
Bohnen (Dose)
Fleisch (1 Kilo)
Butter (Packung)

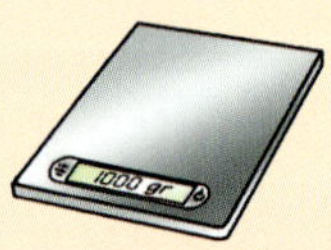
1000 Gramm (1 Kilo)

die Dose

der Kasten

die Packung

der Liter

die Flasche

das Glas

Bei ALDI kostet die Melone 99 Cent, die Butter …

6 Wochenmarkt

1.79 **a Hören Sie. Was kauft die Frau und was nicht? Kreuzen Sie an.**

☐ zwei Äpfel ☒ drei Äpfel ☐ Salat ☐ Kiwis ☐ Gurken ☐ Tomaten

1.79 **b Hören Sie noch einmal und ergänzen Sie den Dialog.**

● Guten Tag. Drei Äpfel, bitte.
○ Ja, gerne. Noch etwas?
● Haben Sie auch ....?
○ Ja. 3 Euro 49 das Kilo.
● Oh! Nein danke. Was kosten die Kiwis?
○ .... das Stück.
● ...., bitte.
○ Ja, bitte schön. Noch etwas?
● Nein danke.

1.80 **c Schritt für Schritt – Üben Sie.**

… Tomaten? → … auch Tomaten? → Haben Sie auch Tomaten?
… Kiwis? → … die Kiwis? → Was kosten die Kiwis?

d Lesen Sie den Dialog. Tauschen Sie die Rollen: Käufer und Verkäufer.

UND SIE?

Was kaufen Sie? Spielen Sie den Dialog mit anderen Produkten.

Gurken • Zucchini • Zwiebeln • Knoblauch • Birnen • Erdbeeren • …

ÜBUNGEN

1 Lebensmittel auf Deutsch

Schreiben Sie die Wörter mit Artikeln zu den Bildern. Hilfe? Lesen Sie zuerst die Wörter unten.

die Wurst

B

F

F

K

R

G

N

K

S

O

W

K

T

M

S

der Saft • der Kaffee • die Kartoffel • die Nudeln • ~~die Wurst~~ • das Fleisch • das Brot • die Milch • der Tee • der Fisch • der Reis • die Schokolade • das Obst • das Gemüse • der Käse • das Wasser

2 Ich esse gerne ...

Schreiben Sie die Dialoge.

1. ? / was / isst / gerne / du — ● Was isst du gerne?
   gerne / ich / esse / Bohnen / . — ○ Ich esse gerne Bohnen.
2. ? / trinkst / was / gerne / du — ● ....
   ich / Saft / trinke / gerne / . — ○ ....
3. ? / isst / was / gerne / du — ● ....
   ich / Gemüse / esse / gerne / . — ○ ....
4. ? / trinkst / was / nicht gerne / du — ● ....
   ich / Kaffee / trinke / nicht gerne / . — ○ ....
5. ? / isst / was / nicht gerne / du — ● ....
   ich / Kartoffeln / esse / nicht gerne / . — ● ....

3 Supermarkt

Welche Antwort passt, (a) oder (b)? Kreuzen Sie an.

1. Wo finde ich Getränke?
   (a) Nein, da hinten.
   (b) Gleich hier vorne rechts.
2. Haben Sie Zucker?
   (a) Zucker esse ich gerne.
   (b) Ja, in Gang 2 links.
3. Wo finde ich Eier?
   (a) Das weiß ich nicht.
   (b) Ja, bitte.
4. Wo finde ich Brot?
   (a) Nein danke.
   (b) Da hinten, bei Backwaren.

4 Die Kartoffeln

Ergänzen Sie die Pluralformen.

die Nudel__	die Brot__	die __pfel	die Camembert__
die Bohne__	die Getränk__	die W__rst__	die Pizza__
die Kartoffel__	die Fertiggericht__	die S__ft__	die Banane__

5 Einkaufen

Notieren Sie die Preise.

1. ein Euro neunundsechzig 1,69 €
2. sechs Euro fünfundzwanzig ....
3. zwölf Euro elf ....
4. drei Euro achtundachtzig ....
5. vier Euro vierundsiebzig ....
6. sieben Euro dreizehn ....

6 Wochenmarkt

Ergänzen Sie den Dialog.

Verkäuferin	Guten Tag.
Käuferin	Drei Äpfel, bitte.
Verkäuferin	Ja gerne. Noch etwas?
Käuferin	.... Tomaten?
Verkäuferin	Ja. 3 .... 49 das Kilo.
Käuferin	Was kosten die ....?
Verkäuferin	1 Euro 20 das Kilo.
Käuferin	.............................., bitte.
Verkäuferin	..............................?
Käuferin	Nein danke.

Haben Sie
~~Drei Äpfel~~
Euro
Ein Kilo
Noch etwas
Bananen

TRAINING

Schreibtraining

1 Schreiben Sie die Wörter in der alphabetischen Reihenfolge mit Artikel.

A ... der Apfel ...
B ... die Banane ... die Bohne ...
...
Z ...

Fleisch, Milch, Reis, ~~Bohne~~, Käse, Gemüse, Zwiebel, Tee, ~~Apfel~~, Zucchini, ~~Banane~~, Wassermelone, Tomate, Fisch, Kaffee, Wasser, Nudeln

2 In jedem Wort ist ein Fehler. Korrigieren Sie.

der Afel	der Kaffe	das Waser	das Fliesch
der Apfel	...	...	...

3 Was essen und trinken Sie gerne? Schreiben Sie.

Ich esse gerne ...
...
Ich trinke gerne ...
...

LERNEN LERNEN – Nomen mit Artikel und Plural lernen

Schreiben Sie Lernkarten.

Vorderseite

die Pizza
die Pizzas (Plural)
Ich esse gerne Pizza.

Rückseite

a pizza
Gosto de comer pizza.

Sätze und Wörter

Schreiben Sie in Ihrer Sprache.

Ich esse gerne … ……………………………
Ich trinke gerne … ……………………………
Entschuldigung, wo finde ich …? ……………………………
Sie sind hier im Regal. ……………………………
Das ist in Gang 3. ……………………………
Das ist da links/rechts. ……………………………
Das ist da vorne/hinten. ……………………………
Was kostet eine Flasche Wasser? ……………………………
Sie kostet 99 Cent. ……………………………
Was kosten die Nudeln? ……………………………
Sie kosten drei Euro fünfzig. ……………………………
Ich kaufe die Nudeln. ……………………………
Sonst noch etwas? ……………………………
Haben Sie Salat? ……………………………

Nomen

der Apfel	das Gemüse	das Kilo	das Stück
……………	……………	……………	……………
die Banane	die Getränke	der Kuchen	der Supermarkt
……………	……………	……………	……………
die Birne	das Glas	der Liter	der Tee
……………	……………	……………	……………
die Bohne	das Gramm	die Milch	die Tomate
……………	……………	……………	……………
das Brot	der Kaffee	das Obst	der Verkäufer
……………	……………	……………	……………
die Butter	die Kartoffel	die Packung	das Wasser
……………	……………	……………	……………
die Dose	der Käse	der Reis	die Wurst
……………	……………	……………	……………
der Fisch	die Kasse	der Saft	der Zucker
……………	……………	……………	……………
die Flasche	der Kasten	die Schokolade	die Zwiebel
……………	……………	……………	……………
das Fleisch			
……………			

1 p, t, k und b, d, g

♫ 1.81 **Hören Sie und sprechen Sie nach.**

„p" die Pizza • die Packung • die Suppe — Paul isst gerne Pizza. ↘
„t" der Tee • die Tomaten • die Kartoffeln — Bitte Tee und Butter einkaufen. ↘
„k" der Kuchen • die Schokolade • trinken — Isst du gerne Schokolade und Kuchen? ↗

„b" das Brot • haben • das Obst — Haben Sie auch Obst? ↗
„d" du • die Nudeln • danke — Isst du gerne Nudeln? ↗
„g" gerne • das Regal • die Gurke — Die Gurken liegen hier im Regal. ↘

2 Wortakzent

♫ 1.82 **Hören Sie und klatschen Sie den Rhythmus. Sprechen Sie dann.**

der **Markt** — der **Wo** chen markt — der **Wa** gen — der **Ein** kaufs wa gen
die **The** ke — die **Kä** se the ke — die Ge **rich** te — die **Fer** tig ge rich te
die **Wa** ren — die **Back** wa ren — die Pro **duk** te — die **Tief** kühl pro duk te

3 ü, ö, ä

♫ 1.83 **Hören Sie und und markieren Sie den Vokal _ lang oder . kurz. Sprechen Sie.**

fünf, das Gemüse, tschüs! • die Getränke, die Säfte, die Äpfel • die Söhne, die Töchter, bitte schön!

Gül kauft fünf Würste, fünf Äpfel und fünf Brötchen. ↘
Sie sagt: ↘ „Meine Söhne essen Möhren nicht gerne, sie essen kein Gemüse." ↘

MITEINANDER

Was machen wir mit dem Müll? Was kennen Sie? Kreuzen Sie an.

A ☐ B ☐ C ☐ D ☐

VORHANG AUF

Einkaufen – Schreiben und spielen Sie Dialoge: im Supermarkt, im Gemüseladen ...

Mein Deutsch

Das kann ich:

Essen und trinken → Fragen und antworten Sie.

Was isst Ewa gerne?

Was trinkt Ewa gerne?

Was isst Ewa nicht gerne?

Was trinkt Ewa nicht gerne?

Einkaufen → Schreiben Sie richtig.

wofindeichgemüse?ingang1hintenrechts.
habensiezucker?ja,ingang5vornelinks.
waskostendiebananen?1,80eurodaskilo.

Das kenne ich:

G

Verben: *regelmäßig, unregelmäßig*

regelmäßig		unregelmäßig	
	trink|**en**		ess|**en**
ich	trink|**e**	ich	ess|**e**
du	trink|**st**	du	iss|**t**
er/sie	trink|**t**	er/sie	iss|**t**

W-Frage und Antwort

Was **kosten** die Tomaten?		Die Tomaten kosten 1,30 € das Kilo.
Was **isst** du gerne?		Ich esse gerne Reis.
Was **trinkst** du nicht gerne?		Ich trinke nicht gerne Apfelsaft.

Ja/Nein-Frage und Antwort

Haben Sie Kiwis?	Ja, die Kiwis sind gleich hier rechts.
Haben Sie Milch?	Nein, leider nicht.

6 Wie viel Uhr ist es?

1 Wie viel Uhr ist es?

2.1 **a Hören Sie und machen Sie weiter.**

b Schreiben Sie die Uhrzeiten. Sprechen Sie die Uhrzeiten.

2:30	12:45	16:35
zwei Uhr dreißig	....	....
10:10	13:23	8:07
....	....	....
15:28	9:49	22:55
....	....	....

2.2 **c Uhrzeitenbingo – Markieren Sie in 1b sechs Uhrzeiten mit X. Hören Sie. Haben Sie alle Uhrzeiten mit X? Rufen Sie BINGO.**

d Malen Sie Uhren. Fragen und antworten Sie.

Wie viel Uhr ist es?

Es ist ...

2 Ein Arbeitstag

2.3 **a Hören Sie. Schreiben Sie die Sätze zu den Bildern.**

1. Ich arbeite bis 17 Uhr.
2. Ich arbeite ab 8 Uhr.
3. Ich gehe um 7 Uhr 15 aus dem Haus.
4. Ich dusche um 6 Uhr.
5. ~~Ich habe von 12 bis 13 Uhr Mittagspause.~~
6. Ich frühstücke um 6 Uhr 30.
7. Um 19 Uhr mache ich Abendessen.
8. Um 17 Uhr 50 bin ich zu Hause.
9. ~~Um 23 Uhr schlafe ich.~~
10. ~~Mein Wecker klingelt um 5 Uhr 45.~~

A Mein Wecker klingelt um 5 Uhr 45.

B ....

C ....

D ....

E ....

F Ich habe von 12 bis 13 Uhr Mittagspause.

G ....

H ....

I ....

J Um 23 Uhr schlafe ich.

♫ 2.4 **b Hören Sie und klatschen Sie den Rhythmus.**

• • •	**früh**stücken – **ar**beiten
• ● • •	Ich **früh**stücke. – Ich **ar**beite.
● • • •	**Mit**tagspause – **A**bendessen
• • • ● • • •	Ich habe **Mit**tagspause. – Ich mache **A**bendessen.

3 Mein Tag

a Was gehört zusammen? Markieren Sie. Bilden Sie dann lebendige Sätze.

Der Wecker (klingelt) um 5 Uhr.

Ich (bin) um 17 Uhr 45 zu Hause.

Ich (mache) um 19 Uhr Abendessen.

Um halb sieben (frühstücke) ich.

Um acht Uhr (arbeite) ich.

b Schreiben Sie die Sätze aus 3a in die Tabelle.

	Position 2: Verb	
Der Wecker	*klingelt*	*um 5 Uhr 45* .
....	( )	....
....	( )	....
....	( )	....
....	( )	....

UND SIE?

a Was machen Sie wann? Schreiben Sie fünf Sätze.

arbeiten • frühstücken • duschen • aus dem Haus gehen • zu Hause sein • …

Ich frühstücke um sieben Uhr.

b Fragen und antworten Sie.

Wann arbeitest du?

Wann klingelt dein Wecker?

Wann frühstückst du?

Wann bist du zu Hause?

G

wann? → um …
Wann frühstückst du?
Ich frühstücke **um** acht Uhr.

4 Am Wochenende

2.5 **a Hören Sie und schreiben Sie die Aktivitäten zu den Bildern.**

A

Fernsehen schauen

B

....

C

....

D

....

E

....

F

....

G

....

H

....

Essen kochen
die Wohnung putzen
Wäsche waschen
Deutsch lernen
ins Kino gehen
~~Fernsehen schauen~~
Freunde besuchen
Zeitung lesen

2.6 **b Hören Sie und sprechen Sie nach. Markieren Sie _ lang oder . kurz.**

das Essen • die Zeitung • das Kino • das Fernsehen • die Wäsche • die Wohnung • kochen • lesen • schauen • putzen • waschen

2.7 **c Was macht Sylvia am Wochenende? Hören Sie. Markieren Sie.**

Essen kochen • die Wohnung putzen • Wäsche waschen • ins Kino gehen • Zeitung lesen • Deutsch lernen • Freunde besuchen • Fernsehen schauen

2.7 **d Hören Sie noch einmal. Was macht Sylvia gerne ☺ und was nicht ☹?**

Freunde besuchen	☺	☹	Wohnung putzen	☺	☹
Essen kochen	☺	☹	Deutsch lernen	☺	☹
Fernsehen schauen	☺	☹			

UND SIE?

Was machen Sie gerne? Was machen Sie nicht gerne? Wählen Sie.

Fragen und antworten Sie. — oder — **Schreiben Sie.**

Was machst du nicht gerne?

Wäsche waschen. Und du?

☺ Fernsehen schauen, ...
☹ putzen, ...

5 Freizeit

2.8 **a Die Woche – Hören Sie und sprechen Sie nach.**

Montag

Dienstag

Mittwoch

Donnerstag

Freitag

Samstag

Sonntag

b Was machen Sie diese Woche? Lesen Sie die Anzeigen. Schreiben Sie die Wochentage in die Tabelle unten.

A

B

C

D

E

F

Sport machen	essen gehen	ins Kino gehen	ins Konzert gehen	ins Theater gehen	schwimmen gehen
Samstag					

c Welche Aktivität aus der Anzeige machen Sie gerne?

Ich gehe gerne ins Kino.

UND SIE?

Was machen Sie gerne? Was machen Sie wann? Sprechen Sie.

Was machst du gerne?

Ich mache gerne Sport.

Wann machst du Sport?

Am Wochenende.

Was machst du am Samstag?

6 Hast du Zeit?

2.9 **a Hören Sie. Ergänzen Sie die Dialoge.**

Samstag Wochenende 20 acht wie viel ~~Kino~~ Uhr Dienstag

Dialog 1

- ● Kommst du mit ins *Kino* ……?
- ○ Wann?
- ● Am …………….
- ○ Gut. Was gibt's?
- ● Batman 8.
- ○ Um …………… Uhr?
- ● Um …………… Uhr 30.

Dialog 2

- ● Hast du am …………… Zeit?
- ○ Samstag oder Sonntag?
- ● Ich gehe am …………… schwimmen.
- ○ O. k., ich komme mit. Um wie viel Uhr?
- ● Um ……………?
- ○ Was? Um acht ……………? Nein!
- ● O. k., o. k., dann um neun.

2.10 **b Schritt für Schritt – Üben Sie.**

… Zeit?	→ … am Samstag Zeit?	→ Hast du am Samstag Zeit?
… ins Kino?	→ … mit ins Kino?	→ Kommst du mit ins Kino?
… Sport.	→ … am Montag Sport.	→ Ich mache am Montag Sport.
… mit.	→ … ich komme mit.	→ O. k., ich komme mit.

2.11 **c Hören Sie. Ordnen und schreiben Sie den Dialog. Lesen Sie laut.**

…… Am Samstag habe ich keine Zeit.
…… Am Samstag arbeite ich.
…… Freitag ist gut. Um wie viel Uhr?
1 Ich grille am Samstag. Kommst du?
…… Um 18 Uhr?
…… O. k., super.
…… Und Freitag?

d Ergänzen Sie die SMS.

Ich jogge am Mittwoch. Kommst du mit?

Mittwoch: keine Zeit. *Do* ……?

Donnerstag o. k., um wie viel ……?

Um sechs?

Um ……, o. k.! Bis dann!

e Schreiben Sie eine SMS wie in 6d oder schreiben Sie einen Dialog.

Ich grille am Samstag. Kommst du?

Samstag: keine Zeit. …

Ich gehe am Wochenende ins Kino. Kommst du mit?
Samstag oder Sonntag?
…

ÜBUNGEN

1 Wie viel Uhr ist es?

a Schreiben Sie die Tageszeiten zu den Bildern.

A

....

B

der Vormittag

C

....

D

....

E

....

F

....

der Nachmittag
der Mittag
~~der Vormittag~~
die Nacht
der Morgen
der Abend

b Ergänzen Sie die Dialoge.

ist Uhr wie ~~Uhr~~ viel Es ist

Dialog 1
● Mama, wie viel Uhr .... es?
○ Es .... sechs ....

Dialog 2
● Frau Özoglu, ... Uhr ist es?
○ .... ist zwölf Uhr.

c Schreiben Sie die Uhrzeiten.

6:10 Es ist sechs Uhr zehn.
7:15 ....
12:50 ....
16:30 ....

2 Ein Arbeitstag

Schreiben Sie Fragen und die Antworten.

Frage	**Antwort**
1. frühstückst / Wann / du / ?	acht Uhr / frühstücke / um / Ich / .
Wann frühstückst du?	....
2. isst / Wann / zu Mittag / du / ?	um 12 Uhr / Ich / esse / zu Mittag / .
....	....
3. bist / Wann / zu Hause / du / ?	zu Hause / um 18 Uhr / bin / Ich / .
....	....
4. machst / Wann / Abendessen / du / ?	um 19 Uhr / mache / Ich / Abendessen / .
....	....

3 Mein Tag

a Schreiben Sie die Sätze 1–3 in die Tabelle.

1. ~~Der Wecker klingelt um sechs.~~ 2. Ich esse am Mittag Obst. 3. Ich arbeite bis 17 Uhr.

	Position 2: Verb	
Der Wecker	klingelt	um sechs.
		.
		.

b Schreiben Sie die Sätze 1–3 mit der Uhrzeit am Anfang.

Um sechs klingelt der Wecker.

4 Am Wochenende

a Was passt zusammen? Ordnen Sie zu.

~~1. das Essen~~ 3. die Freunde 5. ins Kino 2. Deutsch 4. die Wäsche 6. die Wohnung 7. die Zeitung 8. Frühstück 9. Fernsehen

a) lernen b) lesen c) waschen ~~d) kochen~~ f) besuchen e) gehen g) schauen i) machen h) putzen

1d – das Essen kochen

b Schreiben Sie Ich-Sätze wie im Beispiel.

Ich koche das Essen. Ich putze ...

5 Freizeit

Ergänzen Sie die Wochentage.

Mont__g D__ __nst__g M__ttw__ch D__nn__rst__g
Fr__ __t__g S__mst__g S__nnt__g

6 Hast du Zeit?

2.12 **Hören Sie. Wann ist die Verabredung? Kreuzen Sie an: a oder b.**

1. a Montag, 20:15 Uhr
   b Sonntag, 20:15 Uhr
2. a Dienstag, 2:30 Uhr
   b Mittwoch, 3:30 Uhr
3. a Donnerstag, 14:45 Uhr
   b Donnerstag, 14:15 Uhr
4. a Montag oder Mittwoch, 10 Uhr
   b Montag oder Donnerstag, 13 Uhr

TRAINING

Schreibtraining

1 Ergänzen Sie die Buchstaben ä, ö oder ü.

(A)

- ● Hallo, Zula, ist deine Mutter da?
- ○ Ja. Sie wäscht die Wä̲sche.
- ● Und dein Vater?
- ○ Er h__rt Musik.
- ● Ich komme heute um f__nf Uhr.
- ○ Ja. Tsch__s.

ü ~~ä~~ ü ü ö

(B)

- ● Hallo, Timur, wie geht's?
- ○ Gut, danke! Ich fr__hst__cke gerade. Eier, K__se und Gem__se.
- ● Wo ist Asli?
- ○ Sie ist in der T__rkei. Sie besucht die Familie.

ü ä ü ü ü

2 Sieben Tage, sieben Fehler. Korrigieren Sie.

montag	Dinstag	Mitwoch	Donnertag
Montag	....	....	....
Frietag	Sammstag	Zonntag	
....	....	....	

LERNEN LERNEN – Wenig und oft lernen

Sehen Sie das Bild an und lesen Sie. Welcher Tipp ist richtig: 1 oder 2?

1. ☐ So lernt man richtig:
   Am Montag von 18 bis 21 Uhr.

2. ☐ So lernt man richtig:
   Am Montag, Dienstag, Mittwoch, Donnerstag und Freitag von 18 bis 18.30 Uhr.

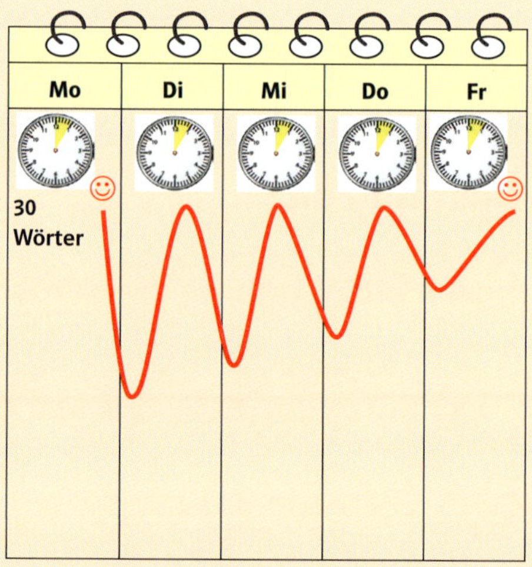

Sätze und Wörter

Schreiben Sie in Ihrer Sprache.

Wie viel Uhr ist es? ....

Es ist 22 Uhr. ....

Was machst du am Montag? ....

Ich schlafe bis 6 Uhr. ....

Ich dusche um 6 Uhr 15. ....

Ich frühstücke um 6 Uhr 30. ....

Ich gehe um 7 Uhr aus dem Haus. ....

Ich arbeite ab 8 Uhr. ....

Von 12 Uhr bis 12 Uhr 30 habe ich Mittagspause. ....

Wann bist du zu Hause? ....

Um 17 Uhr bin ich zu Hause. ....

Ich mache das Abendessen. ....

Ich besuche Freunde. ....

Ich gehe ins Kino. ....

Hast du am Freitagabend Zeit? ....

Kommst du mit ins Konzert? ....

Bis dann! ....

am Montag	am Mittwoch	am Freitag	am Sonntag ....
am Dienstag	am Donnerstag	am Samstag	am Wochenende ....

Nomen

das Abendessen	das Mittagessen	die Nacht	der Vormittag ....
die Küche	der Morgen	die SMS	die Woche ....
der Mittag	der Nachmittag	der Tag	die Wohnung ....

Verben

kochen	schwimmen	sehen	waschen ....
putzen			

Adjektive

neu

....

1 Vokale sprechen

♫ 2.13 **Sprechen Sie den Vokal deutlich. Hören Sie und sprechen Sie.**

Um |acht • elf |Uhr • um |eins • am |Abend • um |ein |Uhr • um |elf |Uhr |am |Abend
Wann essen Sie? ↗ Am Mittag oder am Abend? ↘ Am Abend, um achtzehn Uhr. ↘

2 Rhythmus üben

♫ 2.14 **Hören Sie und sprechen Sie.**

Es sen ko chen	Ich koche Essen. ↘	Ich koche am Abend Essen. ↘
Zei tung le sen	Ich lese Zeitung. ↘	Ich lese am Morgen Zeitung. ↘
Freun de be su chen	Ich besuche Freunde. ↘	Ich besuche am Wochenende Freunde. ↘

3 ei, au, eu

♫ 2.15 **Hören Sie und sprechen Sie nach.**

„ai“ heißen • zwei • keine Zeit
„au“ auch • zu Hause • Fernsehen schauen
„oi“ Deutsch • neun • mein Freund

Um zwei habe ich keine Zeit. ↘
Paul schaut zu Hause Fernsehen. ↘
Mein Freund lernt Deutsch. ↘

MITEINANDER

Ruhe in Deutschland – Was kennen Sie? Kreuzen Sie an.

A ☐

B ☐

C ☐

VORHANG AUF

Was machst du gerne? – 1 Buchstabe = 1 Strich. Schreiben Sie ein Wort an die Tafel mit Strichen. Die anderen sagen die Buchstaben.

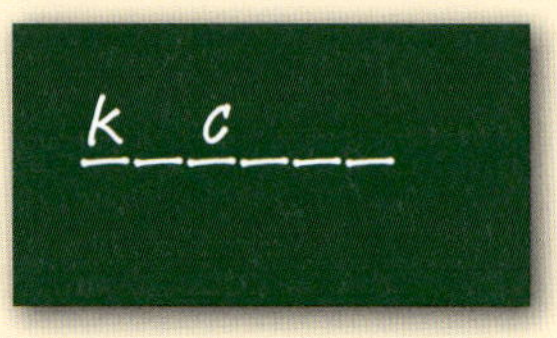

a – Nein.
k – Ja.
l – Nein.
c – Ja.
Kochen! – Ja!

Mein Deutsch

Das kann ich:

Der Tag

Schreiben Sie richtig.

tagmon • tagdienst • wochmitt • tagdonners • tagfrei • tagsams • tagsonn

Montag, …

genmor • mittagvor • tagmit • mittagnach • benda • chtna

der Morgen, …

Die Zeit

Ich dusche.
Ich schaue Fernsehen.
Ich treffe Freunde.
Ich esse.
Ich koche.
Ich frühstücke.
Ich schlafe.
Ich arbeite.

Sprechen Sie.

Ich dusche um 6 Uhr. Ich frühstücke von 6 Uhr 30 bis 7 Uhr. Ich …

Verabredungen

Ordnen Sie zu.

1. Ich grille morgen. Kommst du?
2. Um 18 Uhr.
3. O. k.

a) Keine Zeit. Um 20 Uhr?
b) Bis dann!
c) Gerne. Wann?

Das kenne ich:

G

Sätze mit Zeitangaben

	Position 2: Verb	
Ich	bin	um 17 Uhr 45 zu Hause.
Um 17 Uhr 45	bin	ich zu Hause.
Ich	mache	um 19 Uhr Abendessen.
Um 19 Uhr	mache	ich Abendessen.

7 Ich bin Verkäuferin.

der Kellner

die Krankenschwester

der Friseur

die Hausfrau

der Taxifahrer

die Köchin

die Verkäuferin

die Lehrerin

der Elektriker

1 Berufe

2.16 **a Was sind die Menschen von Beruf? Hören Sie und ordnen Sie 1–9 den Fotos zu.**

2.17 **b Hören Sie und sprechen Sie nach. Markieren Sie _ lang oder . kurz.**

der Elektriker • die Hausfrau • die Köchin • die Verkäuferin • der Kellner • die Krankenschwester • der Taxifahrer • der Friseur • die Lehrerin

c Ergänzen Sie die Buchstaben.

d e r Kell n e r — d_ _ H_ _ _frau — d_ _ Ver_ _ _ _erin

d_ _ T_ _ _f_ _ _er — d_ _ K_ _ _in — d_ _ Fr_ _ eur

d_ _ El_ _ t_ _ _er — d_ _ Kr_ _ _ _ n_ _ _ wester

2.18 **d Mann oder Frau? Hören und schreiben Sie.**

der Hausmann	*die Hausfrau*
der Verkäufer	
	die Friseurin
	die Taxifahrerin
der Koch	
	die Kellnerin
der Krankenpfleger	

e Welche Berufe kennen Sie noch? Sammeln Sie an der Tafel.

2 Was sind Sie von Beruf?

2.19 **a Hören Sie. Welches Foto passt zu welchem Dialog?**

A ☐

B ☐

C ☐

Dialog 1
- ● Was sind Sie von Beruf?
- ○ Ich bin Verkäuferin.

Dialog 2
- ● Was bist du von Beruf?
- ○ Ich bin Friseurin von Beruf. Ich bin jetzt Hausfrau.

Dialog 3
- ● Was bist du von Beruf?
- ○ Ich bin Elektriker. Aber ich arbeite jetzt nicht.

b Lesen Sie die Dialoge laut.

UND SIE?

a Was sind Sie von Beruf? Fragen Sie fünf Personen.

Was bist du von Beruf? — Ich bin Arzt.
Was bist du von Beruf? — Ich bin Hausfrau.

b Berichten Sie im Kurs. Machen Sie eine Kursliste.

Saleim ist Arzt und Teuta ist …

Saleim: Arzt
Teuta: Hausfrau

3 Wo arbeiten Sie?

a Wo ist das? Ordnen Sie zu.

A

B

C

D

E

F

auf der Baustelle ....E.....
im Restaurant ....

bei Opel ....
im Krankenhaus ....

im Supermarkt ....
zu Hause ....

2.20 **b Wo arbeitet Frau Köse? Hören Sie und kreuzen Sie an.**

(a) auf der Baustelle (b) zu Hause (c) im Supermarkt (d) im Restaurant

2.20 **c Hören Sie noch einmal und lesen Sie mit.**

Frau Köse ist Verkäuferin von Beruf. Sie arbeitet jeden Tag von 7:30 bis 12:30 Uhr im Supermarkt. Ihr Mann ist Kellner im Hotel „Zur Sonne". Am Samstag hilft sie da im Restaurant. Frau Köse ist auch Hausfrau. Sie arbeitet zu Hause. Sie kocht und putzt. Und sie wäscht die Wäsche.

2.21 **d Wo arbeiten die Leute? Wählen Sie.**

Hören Sie und ergänzen Sie die Sätze. — oder — **Ergänzen Sie die Sätze und hören Sie zur Kontrolle.**

1. Die Friseurin arbeitet ...im Friseursalon.......
2. Die Krankenschwester arbeitet ....
3. Der Elektriker arbeitet ....
4. Der Kellner arbeitet ....

auf der Baustelle
im Krankenhaus
im Restaurant
~~im Friseursalon~~

UND SIE?

Schreiben Sie über sich. Mischen Sie die Zettel. Ziehen Sie, lesen Sie und raten Sie.

Ich bin Köchin.
Ich arbeite bei Opel.

Das ist Filipa!

4 Bist du der Chef?

2.22 **a Hören Sie. Lesen Sie mit.**

● Papa, hast du Zeit?
○ Nein.
● Arbeitest du?
○ Ja.
● Arbeitest du am Computer?
○ Ja.
● Bist du der Chef?
○ Nein. Ich habe eine Chefin, Frau Bender.
● Ist Frau Bender nett?
○ Hmm … nein!
● … Papa, spielst du mit mir Fußball?
○ Na gut, aber nur eine halbe Stunde.

2.22 **b Hören Sie noch einmal. Beantworten Sie die Fragen.**

	Ja	Nein
1. Hat der Vater Zeit?	☐	☐
2. Arbeitet der Vater am Computer?	☐	☐
3. Ist der Vater der Chef?	☐	☐
4. Heißt die Chefin Frau Bender?	☐	☐
5. Ist die Chefin nett?	☐	☐

c Ergänzen Sie die Fragen.

1. ● *Bist du* .... Elektriker? ○ Nein, ich bin Verkäufer.
2. ● .... bei Aldi? ○ Nein, ich arbeite bei Lidl.
3. ● .... Friseurin? ○ Ja, ich bin Friseurin.
4. ● .... in der Pizzeria? ○ Nein, ich arbeite im Hotel.
5. ● .... heute zu Hause? ○ Ja, ich bin zu Hause.
6. ● .... heute Zeit? ○ Nein, ich habe keine Zeit.

d Schreiben Sie Fragen. Tauschen Sie die Zettel und antworten Sie.

Bist du Kellnerin?
Nein, ich bin Köchin.

Arbeitest du im Krankenhaus?
Ja, ich arbeite im Krankenhaus.

e Pantomime – Spielen Sie einen Beruf. Die anderen raten.

Was bin ich?

Bist du Koch? — Nein.

Bist du Friseur? — Ja!

5 Wie lange sind Sie schon hier?

a Lesen Sie und kreuzen Sie an: richtig oder falsch.

Ich heiße Sua Pridi. Ich komme aus Thailand, aus Yala. Ich bin 31 Jahre alt. Ich bin Krankenschwester von Beruf. Seit 2012 arbeite ich im Krankenhaus. Ich bin seit 2016 in Deutschland. Wir wohnen seit zwei Jahren in Frankfurt. Mein Mann arbeitet am Flughafen bei Fraport. Wir haben zwei Töchter. Ich lerne seit 10 Monaten Deutsch.

	R	F
1. Sua kommt aus der Türkei.	☐	☒
2. Sie ist Krankenschwester von Beruf.	☐	☐
3. Sie ist seit 2014 in Deutschland.	☐	☐
4. Der Mann von Sua hat keine Arbeit.	☐	☐
5. Die Familie wohnt seit zwei Jahren in Frankfurt.	☐	☐
6. Sua lernt seit drei Monaten Deutsch.	☐	☐

G

seit 2015
seit 12 Jahr**en**
seit vier Monat**en**

2.23 **b Hören Sie und ergänzen Sie.**

Dialog 1
● Wie lange sind Sie schon in Deutschland?
○ Ich bin schon .... in Deutschland.

Dialog 2
● Wie lange wohnen Sie schon in Frankfurt?
○ Wir wohnen .... in Frankfurt.

Dialog 3
● Wie lange lernen Sie schon Deutsch?
○ Ich lerne .... Deutsch.

2.24 **c Schritt für Schritt – Üben Sie.**

… in Bonn? → … bist du schon in Bonn? → Wie lange bist du schon in Bonn?
… in Bonn. → … seit drei Jahren in Bonn. → Ich bin seit drei Jahren in Bonn.

UND SIE?

Fragen und antworten Sie.

Kamila, wie lange bist du schon in Deutschland?

Ich bin seit fünf Monaten in Deutschland.

Und wie lange arbeitest du im Restaurant?

…

6 Das sind wir!

Schreiben Sie Wir-Sätze.

seit sechs Monaten in Deutschland / wir / sein
Wir sind seit sechs Monaten in Deutschland.

wohnen / wir / in Frankfurt
Wir ....

am Flughafen / wir / arbeiten
....

zwei Kinder / haben / wir
....

wir / Deutsch / lernen
....

G

wir **sind** — wir wohn**en**
wir arbeit**en** — wir hab**en**

UND SIE?

a Schreiben Sie Zettel über sich und machen Sie ein Wir-Plakat im Kurs.

- Wie heißen Sie?
- Wie alt sind Sie?
- Woher kommen Sie?
- Wo wohnen Sie?
- Was sind Sie von Beruf?
- Wie lange sind Sie schon in Deutschland?

NAME
Kamal

b Mein Deutschkurs – Berichten Sie. Wählen Sie.

Sprechen Sie. — oder — **Schreiben Sie.**

Wir heißen …
Wir sind … Jahre alt.
Wir kommen aus …

Mein Deutschkurs
Wir heißen Kamal, Ben, …
Wir sind 38, 27, … Jahre alt. …

ÜBUNGEN

1 Berufe

a Welcher Beruf passt?

der Verkäufer
die Verkäuferin

der
die

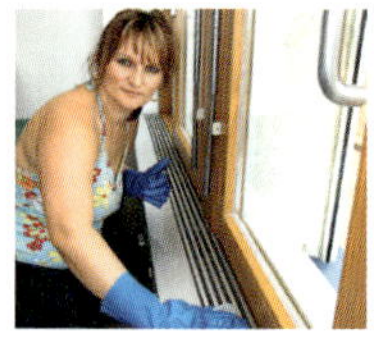

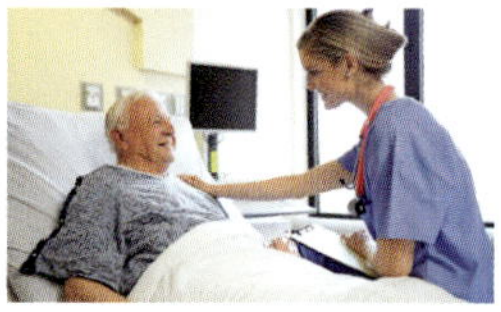

b Ergänzen Sie die Berufe.

der Kel__ner • die Ver__äuf__rin • der Fri__eur • die Hau__fra__ • der Ele__tri__er • die Kra__ken__chw__ste__ • die Köc__in • der Tax__fah__er • die Leh__eri__

2 Was sind Sie von Beruf?

Schreiben Sie.

Ich ....

3 Wo arbeiten Sie?

Wer arbeitet wo? – Ergänzen Sie die Sätze.

1. Der Friseur arbeitet im Friseursalon.
2. Die .... arbeitet im Krankenhaus.
3. Der .... arbeitet auf der Baustelle.
4. Der .... arbeitet zu Hause.
5. Der .... arbeitet bei Lidl.
6. Die .... arbeitet im Restaurant.

Verkäufer • ~~Friseur~~ • Elektriker • Hausmann • Krankenschwester • Köchin/Kellnerin

4 Bist du der Chef?

a Schreiben Sie Fragen.

1. Krankenschwester / ist / deine Frau / ? *Ist deine Frau Krankenschwester?*
2. Hausfrau / du / bist / ? ……………
3. du / arbeitest / im Restaurant / ? ……………
4. Lubinski / Sie / heißen / ? ……………
5. heute / du / bist / zu Hause / ? ……………

b Schreiben Sie Fragen zu den Antworten.

1. *Arbeitest du in Frankfurt?* Nein, ich arbeite in Offenbach.
2. …………… Ja, mein Mann ist Koch.
3. …………… Nein, ich habe keine Zeit.
4. …………… Ja, ich habe drei Kinder.
5. …………… Nein, ich komme nicht aus Ankara.

5 Wie lange sind Sie schon hier?

2.25 **a Hören Sie und ordnen Sie dann 1–5 und a–e zu.**

1. Sua wohnt
2. Sie lernt
3. Suas Mann arbeitet
4. Jinda geht
5. Suas Schwiegermutter wohnt

a) seit zwei Jahren am Flughafen.
b) seit einem Jahr bei der Familie.
c) seit 2016 in Deutschland.
d) seit zehn Monaten Deutsch.
e) seit drei Wochen in den Kindergarten.

b Und Sie? Schreiben Sie in Ihr Heft.

Ich heiße …
Ich wohne …
Ich arbeite …
…

6 Das sind wir!

Schreiben Sie für Elena und Nina.

seit zwei Jahren in Deutschland
Köln
20 Jahre alt
aus Athen, Griechenland
Elena und Nina
Friseurinnen

Wir sind Zwillinge.
Wir heißen …

TRAINING

Schreibtraining

1 Schreiben Sie die Wörter. Ergänzen Sie den Artikel.

1. Lherrien *die Lehrerin*
2. Feursir ....
3. Hasafruu ....
4. Eklektierr ....
5. Vrekäfuiern ....
6. Krnenwshcesatekr ....

2 Schreiben Sie die Sätze.

1. Sie | von | Beruf | sind | Was | ?

Was ....

2. bin | . | Ich | Hausfrau

....

3. Krankenhaus | arbeite | im | Ich | .

....

4. Ich | Lehrer, | bin | arbeite | jetzt | . | ich | nicht | aber

....

3 Markieren Sie die Wortgrenzen (|) und die Satzgrenzen (|). Schreiben Sie den Text. Achten Sie auf groß und klein.

herr/keitaistelektrikervonberuf/erarbeitetjedentagvon8uhrbis16uhr30seine
frauistkrankenschwestersiearbeitetvormittagsimkrankenhausamnachmittag
istsiezuhauseherrundfraukeitabesuchenamwochenendegernefreunde

LERNEN LERNEN – Wörter zusammen lernen

Schreiben Sie Lernkarten.

das Krankenhaus
die Krankenschwester
der Krankenpfleger

arbeiten
die Arbeit
der Beruf
die Mittagspause
der Chef

die Mutter
der Vater

Sätze und Wörter

Schreiben Sie in Ihrer Sprache.

Was sind Sie von Beruf?

Was bist du von Beruf?

Ich bin Köchin, aber ich arbeite jetzt nicht.

Ich arbeite auf der Baustelle.

Ich arbeite im Hotel.

Sie arbeitet jeden Tag im Krankenhaus.

Ich arbeite bei Opel.

Wie lange sind Sie schon hier?

Wir sind seit zwei Jahren in Deutschland.

Wie lange lernst du schon Deutsch?

Seit drei Monaten.

Nomen

das Hotel

der Flughafen

die Arbeit

das Restaurant

der Monat

die Leute (Plural)

der Arzt / die Ärztin

der Kellner / die Kellnerin

der Chef / die Chefin

der Koch / die Köchin

der Elektriker / die Elektrikerin

der Krankenpfleger / die Krankenschwester

der Friseur / die Friseurin

der Lehrer / die Lehrerin

die Hausfrau / der Hausmann

der Taxifahrer / die Taxifahrerin

Adjektive

männlich

weiblich

1 ch, w, f/v

2.26 **Hören Sie und sprechen Sie.**

„ch" ich • nicht • die Köchin • sprechen
„ch" auch • das Buch • der Koch • die Sprache
„w" wir • wohnen • waschen • die Wäsche
„f" fünf • der Beruf • vier • der Verkäufer

2 r

2.27 **a Hören Sie und sprechen Sie.**

„r" der Beruf • die Hausfrau • lernen • das Restaurant
„a" der Kellner • der Vater • vier Kinder • der Verkäufer

„r": Reis, Frau, Beruf
„a": Kellner, Eltern, Uhr Verkäufer, verheiratet

Rolf ist Krankenpfleger und arbeitet im Krankenhaus. ↘
Gül ist Hausfrau, sie hat vier Kinder und arbeitet zu Hause. ↘

2.28 **b Sie hören *r*. Markieren Sie bitte und sprechen Sie.**

der **Kell** ner — die **Kell** ne rin — der **Leh** rer — die **Leh** re rin
der **Ta** xi fah rer — die **Ta** xi fah re rin — der E **lek** tri ker — die E **lek** tri ke rin

MITEINANDER

Ein Beruf für Mann oder für Frau? Kennen Sie das so? Kreuzen Sie an.

A ☐

B ☐

C ☐

D ☐

VORHANG AUF

Berufe raten – A stellt Fragen. B antwortet ja oder nein.

Arbeitet er im Supermarkt? — Nein.
Arbeitet er im Restaurant? — Ja.
Ist er Kellner? — Ja!

Mein Deutsch

Das kann ich:

Berufe - - - - - - - - - - → **Sehen Sie die Bilder an. Schreiben Sie.**

Pia, Krankenschwester, Krankenhaus, 2015

Mario, Kellner, Restaurant, 2012

Nour, Verkäuferin, Supermarkt, 2016

Enes, Elektriker, BMW, 2001

Pia ist Krankenschwester. Sie arbeitet seit 2015 im Krankenhaus.

Das kenne ich:

G

Berufsbezeichnungen: männlich und weiblich

der Kellner – die Kellner**in**
der Friseur – die Friseur**in**
der Lehrer – die Lehrer**in**

⚠ der Haus**mann** – die Haus**frau**
der Kranken**pfleger** – die Kranken**schwester**

Wir

ich **bin** – wir **sind**
ich arbeit**e** – wir arbeit**en**

Ja/Nein-Frage

Satzanfang					Position 2	
Arbeitest	du	bei Opel?	Ja,	ich	arbeite	bei Opel.
			Nein,	ich	arbeite	bei Audi.
Hast	du	Zeit?	Ja,	ich	habe	Zeit.
			Nein,	ich	habe	keine Zeit.
Bist	du	Arzt?	Ja,	ich	bin	Arzt.
			Nein,	ich	bin	Elektriker.

Ja/Nein-Frage: Das Verb steht am Satzanfang.

8 Ich habe Kopfschmerzen.

1. die Hand ....
2. der F ....
3. das A ....
4. das O ....
5. die N ....
6. der M ....
7. das B ....

8. die H ....
9. der K ....
10. der Z ....
11. der H ....
12. der A ....
13. der R ....
14. der B ....
15. der F ....

1 Der Körper

a **Sehen Sie das Foto an. Welche Körperteile kennen Sie schon? Sammeln Sie.**

2.29 **b** **Hören Sie und lesen Sie mit. Lesen Sie dann laut.**

der Arm • das Auge • der Bauch • das Bein • der Finger • der Fuß • der Hals • die Hand • der Kopf • der Mund • die Nase • das Ohr • der Rücken • der Zahn • die Haare

2.30 **c** **Hören Sie und ergänzen Sie die Wörter in 1a.**

d **Verbinden Sie in 1a Wörter und Körperteile.**

2.31 **e** **Hören Sie das Lied. Berühren Sie die Körperteile wie auf dem Foto.**

f **Ergänzen Sie.**

Singular	Plural	Singular	Plural
ein Arm	zwei Arme	....	zwei Füße
ein	zwei Augen	eine	zwei Hände
....	zwei Beine	....	zwei Ohren
....	zehn Finger	....	zweiunddreißig Zähne

2 Wie geht es?

a Was sagen die Personen? Kreuzen Sie an.

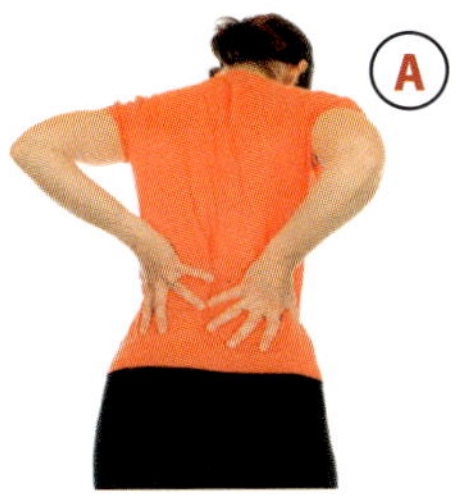

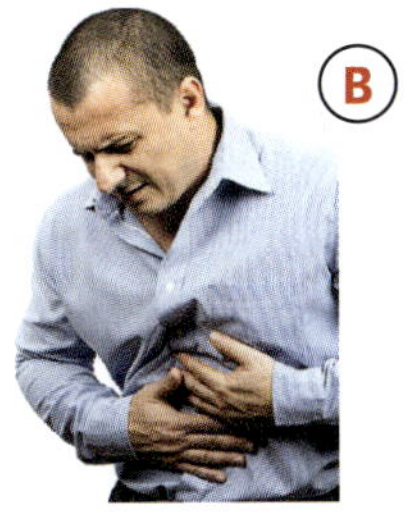

1. [a] Mein Bein tut weh.
   [b] Mein Rücken tut weh.
   [c] Meine Hand tut weh.
2. [a] Mein Bauch tut weh.
   [b] Mein Knie tut weh.
   [c] Meine Augen tun weh.
3. [a] Meine Beine tun weh.
   [b] Mein Fuß tut weh.
   [c] Mein Zahn tut weh.

2.32 **b Schritt für Schritt – Üben Sie.**

… Fuß tut weh. → Mein Fuß tut weh.
… Hand tut weh. → Meine Hand tut weh.
… Beine tun weh. → Meine Beine tun weh.

2.33 **c Hören Sie.**
Was sagen Gül, Kamal und Ana?

Gute Besserung!

	Gül	Kamal	Ana
Es geht mir nicht so gut.	☐	☐	☐
Es geht mir schlecht.	☐	☐	☐
Es geht mir sehr schlecht.	☐	☐	☐

2.33 **d Hören Sie noch einmal und ergänzen Sie.**

Mein Bauch tut weh. ~~Mein Kopf tut weh.~~ Meine Hand tut weh.

Gül: Mein Kopf tut weh. Kamal: ………… Ana: …………

UND SIE?

Kleben Sie Zettel auf Ihren Körper. Sprechen Sie.

Wie geht es Ihnen? Wie geht es dir?	Nicht so gut. Schlecht. Sehr schlecht. Mein/Meine … tut weh. Meine … tun weh.

3 Krank oder gesund?

a Sehen Sie die Bilder an. Ordnen Sie zu.

A [4] 
B [ ] 
C [ ] 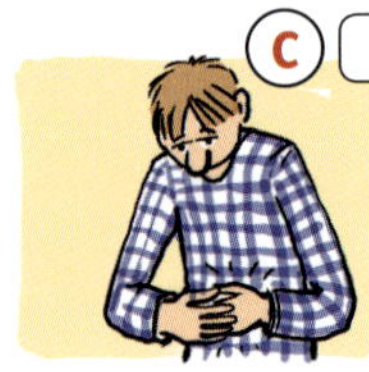
D [ ] 
E [ ] 

1. Bauchschmerzen • 2. Kopfschmerzen • 3. Fieber • ~~4. Husten~~ • 5. Halsschmerzen

2.34 b Was sagt Finn? Hören Sie und kreuzen Sie an.

- [X] Ich bin krank.
- [ ] Ich habe Kopfschmerzen.
- [ ] Ich habe Bauchschmerzen.
- [ ] Ich habe Fieber.
- [ ] Ich habe Schnupfen.
- [ ] Ich habe Husten.
- [ ] Ich habe Halsschmerzen.
- [ ] Ich habe Ohrenschmerzen.

2.35 c Hören Sie und sprechen Sie nach.

Ich bin krank. • Mein Hals tut weh. • Meine Beine tun weh. • Ich habe Fieber. • Ich habe Halsschmerzen. • Ich habe Husten. • Ich habe Schnupfen.

d Wie geht es Ihnen? Ergänzen Sie.

Fieber   tun weh   krank   Kopfschmerzen   Schnupfen   ~~Bauchschmerzen~~   Husten

 Ich habe *Bauchschmerzen.*

 Ich habe ....

 Ich habe ....

 Ich habe ....

 Meine Ohren ....

 Ich bin ....

 Ich habe ....

e Kettenspiel – Spielen Sie.

Bauch • schlecht • krank • Fieber • Kopf • sehr schlecht • Husten • Hals • Schnupfen …

> Gül, wie geht es dir?

> Nicht so gut, ich habe Bauchschmerzen. Ana, wie geht es dir?

> Schlecht, ich bin krank. Ewa, wie geht es dir?

> …

4 Sprechzeiten

a Was ist das? Kreuzen Sie an.

- ☐ Sprechzeiten vom Lehrer
- ☐ Sprechzeiten vom Arzt
- ☐ Sprechzeiten vom Chef

Praxis Dr. med. Hannes Mailänder
Arzt für Allgemeinmedizin und Kinderarzt

Montag	08:30–12:30 Uhr	16:00–18:00 Uhr
Dienstag	08:30–12:30 Uhr	
Mittwoch	08:30–12:30 Uhr	16:00–18:00 Uhr
Donnerstag	geschlossen	
Freitag	geschlossen	

Alle Kassen

Telefon: 069 1255746 · Telefax: 069 1255747

b Wann arbeitet Dr. Mailänder? Kreuzen Sie an: richtig oder falsch.

	R	F
1. Dr. Mailänder arbeitet am Montag ab 8:30 Uhr.	☒	☐
2. Dr. Mailänder arbeitet am Dienstag von 9:00 bis 17:00 Uhr.	☐	☐
3. Dr. Mailänder arbeitet am Mittwoch auch am Nachmittag.	☐	☐
4. Dr. Mailänder arbeitet am Donnerstag bis 18:00 Uhr.	☐	☐
5. Dr. Mailänder arbeitet am Freitag nicht.	☐	☐

5 Termine

2.36 **a Ein Anruf – Hören Sie. Was ist richtig? Kreuzen Sie an.**

☐ Eine Frau ist krank. ☐ Eine Frau braucht einen Termin.

2.36 **b Was sagt die Mutter? Wählen Sie.**

Hören Sie noch einmal. Ergänzen Sie den Anruf. oder **Ergänzen Sie den Anruf und hören Sie zur Kontrolle.**

Maier, guten Morgen. Mein Kind ist sehr krank. Ich brauche einen Termin.

Gut, danke. Bis dann. Auf Wiederhören.

Es hat Fieber, 40 Grad. Es ist sehr müde. Und es hat Ohrenschmerzen.

● Praxis Dr. Mailänder, guten Morgen. Was kann ich für Sie tun?

○ ....

....

● Was hat das Kind?

○ ....

....

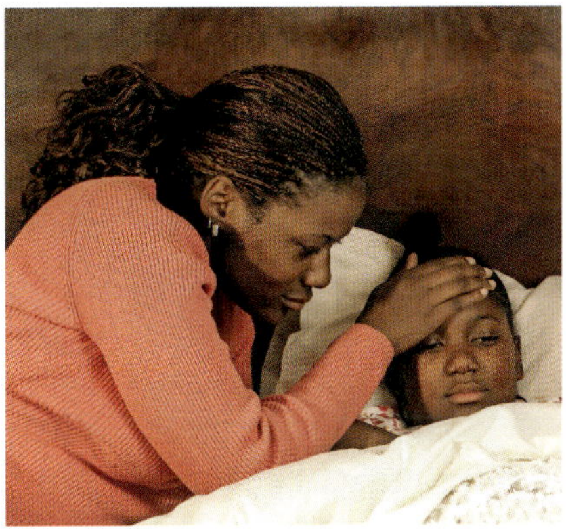

● Aha, kommen Sie bitte heute um 12:30 Uhr.

○ ....

● Auf Wiederhören.

○ ....

6 Brauchen Sie Hilfe? Fragen Sie Dr. Mailänder.

a Was ist das Problem? Ordnen Sie die Fotos A–D den Aussagen 1–4 zu.

A 2

B

C

D

1. Mein Kind hat Fieber und Ohrenschmerzen.
2. Ich habe Kopfschmerzen.
3. Ich habe Rückenschmerzen.
4. Ich bin immer müde.

b Was antwortet Dr. Mailänder? Ordnen Sie die Tipps den Aussagen 1–4 zu.

a) Machen Sie Sport! 3
b) Schlafen Sie mehr! ……
c) Nehmen Sie Schmerztabletten! ……
d) Kommen Sie sofort in die Praxis! ……

G

machen	Machen Sie …!
schlafen	Schlafen Sie …!
nehmen	Nehmen Sie …!
kommen	Kommen Sie …!

7 Entschuldigung für die Schule

Ergänzen Sie den Text.

meinSohnFinnistsehrkrank. ErhatFieberundOhrenschmerzen. Erkommtheutenichtindie Schule.BittegebenSieMarie dieHausaufgaben. HerzlichenDank!

Sehr geehrte Frau Pauli,

mein Sohn ……

……

Mit freundlichen Grüßen

Gül Parlak

UND SIE?

Schreiben Sie eine Entschuldigung wie in Aufgabe 7.

8 Tipps für Ben

a Geben Sie Tipps.

~~nehmen~~ bleiben trinken Wasser zu Hause fragen essen Getränke und Chips eine Pizza ~~Schmerztabletten~~ kaufen die Lehrerin

Ben	Hilfe! Ich habe Kopfschmerzen.	14:46
9malklug	*Nehmen Sie Schmerztabletten!*	
Ben	Ich habe Hunger.	19:31
9malklug		
Ben	Ich mache eine Party.	21:56
9malklug		
Ben	Ich verstehe die Hausaufgabe nicht.	23:12
9malklug		
Ben	Ich bin krank.	06:48
9malklug		
Ben	Ich habe Durst!	08:48
9malklug		

b Spielen Sie. Verbinden Sie A mit B. Geben Sie dann Tipps.

Person A
Hunger / haben
Durst / haben
krank / sein
eine Party / machen
Kopfschmerzen / haben
den Text / nicht verstehen
…

Person B
Schmerztabletten / nehmen
ein Glas Wasser / trinken
Getränke / kaufen
die Lehrerin / fragen
eine Pizza / essen
zu Hause / bleiben
…

Ich habe Hunger.

Essen Sie eine Pizza!

ÜBUNGEN

1 Der Körper

Markieren Sie: der, das, die. Machen Sie dann eine Tabelle.

der Arm • das Auge • der Bauch • das Bein • der Finger • der Fuß • das Haar • der Hals • die Hand • der Kopf • der Mund • die Nase • das Ohr • der Rücken • der Zahn

der	das	die	meine
mein Arm			meine Arme
	mein Ohr		meine Ohren
		meine Nase	–

2 Wie geht es?

Schreiben Sie Sätze.

ES GEHT MIR NICHT SO GUT: MEIN RÜCKEN TUT WEH.
ES GEHT MIR SCHLECHT: MEINE HAND TUT WEH.
ES GEHT MIR SEHR SCHLECHT: MEINE AUGEN TUN WEH.

Es geht mir nicht so gut: Mein …

3 Krank oder gesund?

2.37 **Hören Sie und schreiben Sie.**

Ich habe *Kopfschmerzen*. • Meine Ohren .... •
Mein Bein .... • Ich habe .... •
Ich .... • Ich .... •

tun weh • ~~Kopfschmerzen~~ • Fieber • habe Husten • tut weh • habe Schnupfen

4 Sprechzeiten

Welche Fragen beantwortet die Visitenkarte? Kreuzen Sie an.

- [x] Wann arbeitet Dr. Kaufmann?
- [ ] Wie ist die Adresse von Dr. Kaufmann?
- [ ] Was ist Dr. Kaufmann von Beruf?
- [ ] Wie ist die Telefonnummer von Dr. Kaufmann?
- [ ] Wie ist die E-Mail-Adresse von Dr. Kaufmann?

Dr. med. Kaufmann
Kinderärztin

Montag	09:30–12:30 Uhr	15:00–18:00 Uhr
Dienstag	09:30–12:30 Uhr	
Mittwoch	geschlossen	
Donnerstag	10:30–12:30 Uhr	15:00–17:00 Uhr
Freitag	10:30–13:00 Uhr	

Telefon: 08754 1554466 · **Telefax:** 08754 1554467

5 Termine

Ergänzen Sie den Dialog.

● Pr__xis Dr. Kaufmann, guten M__rgen. Was k__nn ich für Sie t__n?

○ Gut__n Morgen. Hi__r Ana Pereira. Me__ne Tochter ist se__r krank. Ich bra__che he__te einen Termin.

● Was hat I__re Toc__ter?

○ Sie __at Bauchsc__merzen und Fi__ber, 39 Grad.

● Kom__en Sie he__te um 15:00 U__r.

○ Vi__len Dank. Auf Wi__derhören.

6 Brauchen Sie Hilfe? Fragen Sie Dr. Mailänder.

Ergänzen Sie die Verben.

Machen *Sie* Sport!
………… ………… in die Praxis!
………… ………… Schmerztabletten!
………… ………… mehr!

7 Entschuldigung für die Schule

Schreiben Sie die E-Mail richtig.

LiebePPFrauPPBauer,PPheutePkommePPichPPPnichtPP inPPdiePPArbeit.PPPEsPgehtPPmirPPPsehrPschlecht: PPPIchPhabePKopfschmerzenPPPundPmeinePPOhren PPtunPweh.PIchPPgehePPPjetztPzuPDr.PPPMailänder. PPVielePGrüßePPPJussufPPPAl-Samir

Liebe Frau Bauer,
heute komme ich
nicht in die ...

8 Tipps für Ben

Verbinden Sie.

Lesen Sie	eine E-Mail.
Hören Sie	der, das und die.
Schreiben Sie	den Text.
Markieren Sie	lauter.
Sprechen Sie	das Lied.

TRAINING

Schreibtraining

1 Setzen Sie die Wörter zusammen. Finden Sie sechs Wörter.

Bauch Schmerz ~~arzt~~ ~~Zahn~~ Kinder Kranken tablette Arzt schwester schmerzen ärztin helferin

1. *der Zahnarzt* ....
2. ....
3. ....
4. ....
5. ....
6. ....

2 Ordnen Sie die Sätze. Schreiben Sie die Entschuldigung.

.... Ich habe Kopfschmerzen und Fieber.
1 Liebe Frau Schuster,
.... Viele Grüße
.... ich kann heute nicht zum Deutschkurs kommen.
.... Ich bin krank.
.... Bis morgen!
.... Lydia

Liebe Frau Schuster, ...

....

....

....

....

....

LERNEN LERNEN – Anrufe vorbereiten

Machen Sie Notizen.

Dr. Müller anrufen:

Was fragt die Arzthelferin?	Was sage ich?
– Was kann ich für Sie tun?	→ Ich habe Fieber.
– Was hat Finn?	→ …
– Ist ein Termin morgen o. k.?	→ …
– …	

Sätze und Wörter

Schreiben Sie in Ihrer Sprache.

Wie geht es dir? ....
Es geht mir nicht gut. ....
Meine Augen tun weh. ....
Ich habe Bauchschmerzen/Kopfschmerzen. ....
Ich habe Schnupfen/Husten. ....
Ich bin krank/gesund. ....
Ich bin immer müde. ....
Ich habe Durst/Hunger. ....
Ich habe Fieber, 40 Grad. ....
Was kann ich für Sie tun? ....
Ich brauche einen Termin. ....
Herzlichen Dank! ....
Ich bleibe heute zu Hause. ....
Gehen Sie zum Arzt. ....
Schlafen Sie mehr! ....
Kommen Sie sofort! ....
Nehmen Sie Schmerztabletten! ....
Gute Besserung. ....
Am Montag haben wir geschlossen/geöffnet. ....

der Kopf ....
die Nase ....
der Hals ....
der Bauch ....
das Knie ....
das Bein ....
der Fuß ....

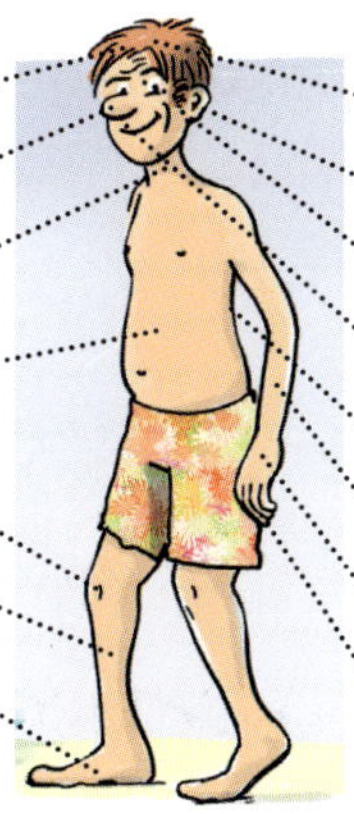

.... das Haar
.... das Auge
.... das Ohr
.... der Mund
.... der Rücken
.... der Arm
.... die Hand
.... der Finger

der Arzt	der Körper	die Schule	der Zahn
....	....	....	....
die Halsschmerzen	der Husten	die Kopfschmerzen	
....	....	....	
geben	gesund	müde	schlecht
....	....	....	....

AUSSPRACHE

1 -t, -d und k(s), x

♫ 2.38 **a Hören Sie und sprechen Sie nach.**

„t“ tut weh • nicht • es geht • und • das Kind • die Hand

„k, ks“ der Tag • Montag • du fragst • du trinkst • die Praxis • der Text

„t“:	es geht, und
„k“:	krank, der Tag
„ks“:	du fragst, Praxis

♫ 2.39 **b Hören Sie und sprechen Sie nach.**

Montag gehen wir zum Arzt. ↘ Mein Kind ist krank und hat 39 Grad Fieber. ↘
Trinkst du genug Tee? ↗ Fragst du den Arzt? ↗ Wann ist die Praxis geöffnet? ↗

2 Viele Konsonanten

♫ 2.40 **Hören Sie und sprechen Sie nach.**

langsam	normal
H a **l s s c h m** e r z e n	die Hals schmer zen
K o **p f s c h m** e r z e n	die Kopf schmer zen
B a u **c h s c h m** e r z e n	die Bauch schmer zen
F a **c h ä r z t** i n	die Fach ärz tin
S p r e **c h z** e i t e n	die Sprech zei ten

TIPP:
Wörter sind schwierig?
- Sprechen Sie zuerst langsam, dann normal.
- Sprechen Sie jeden Laut.
- Üben Sie die Aussprache immer laut!

MITEINANDER

Arzt, Notaufnahme oder Krankenwagen? – Sehen Sie die Bilder an und verbinden Sie.

VORHANG AUF

Beim Arzt – Spielen Sie Dialoge.

Termine

Kind krank
Fieber, 40°

Termin heute
um 16 Uhr

Beim Arzt

immer müde
Rückenschmerzen

Sport machen
mehr schlafen

Mein Deutsch

Das kann ich:

Der Körper --------------------------→ **Schreiben Sie die Körperteile.** 👥

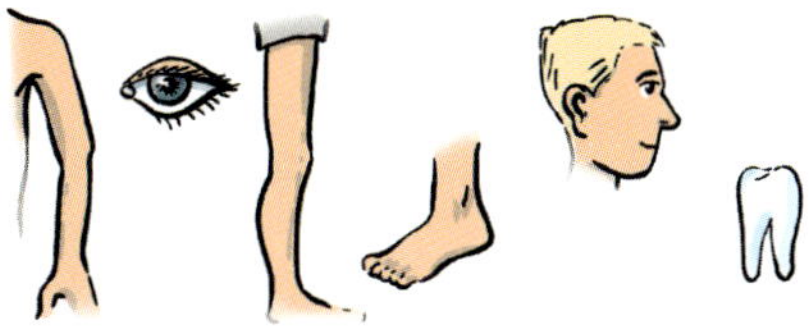

der Arm, ...

Krankheiten --------------------------→ **Ergänzen Sie.**

Gute Besserung!

Fieber krank Hals schlecht

Es geht mir .... Ich bin ....
Ich habe .... und mein .... tut weh.

Termine --------------------------→ **Schreiben Sie richtig.**

Was kann ich für Sie tun?
...

- ● kann / Was / ich / tun / für Sie / ?
- ○ Fieber/ habe / Ich / .
  brauche / Ich / einen Termin / .
- ● Sie / Kommen / um 15:00 Uhr / heute.
- ○ Danke / . / dann / Bis / .

Tipps --------------------------→ **Geben Sie Tipps.** 👥

machen nehmen bleiben fragen

Sport Schmerztabletten zu Hause den Arzt

Machen Sie Sport!

Das kenne ich:

Ⓖ

Verben: Imperativ

machen	→	Machen Sie Sport!
schlafen	→	Schlafen Sie mehr!
nehmen	→	Nehmen Sie Schmerztabletten!
kommen	→	Kommen Sie sofort in die Praxis!
trinken	→	Trinken Sie Wasser!
fragen	→	Fragen Sie die Lehrerin!
essen	→	Essen Sie Obst!

Verb am Satzanfang

Lesen	Sie	den Text.
Schreiben	Sie	den Satz.

9 Ich trage gerne Hosen.

A

B

C

D

E

F

1 Kleidungsstücke

a **Sehen Sie die Fotos an. Was kennen Sie? Sammeln Sie.**

2.41 **b** **Was ist was? Hören Sie. Schreiben Sie die Buchstaben zu den Wörtern.**

der	das	die	die (Plural)
F ein Mantel	ein Hemd	eine Hose	Handschuhe
ein Hut	ein T-Shirt	eine Jacke	Schuhe
ein Rock	ein Jackett	eine Jeans	Stiefel
ein Schal	ein Kleid	eine Mütze	Strümpfe
ein Pullover	ein Kopftuch	eine Bluse	

2.41 **c** **Hören Sie und sprechen Sie nach. Markieren Sie in 1b _ lang oder . kurz.**

d **Sprechen Sie wie im Beispiel.**

2 Kleidung im Kurs

a Artikel *ein*, *eine* – Lesen Sie die Tabelle links und ergänzen Sie rechts.

	Was ist das?		Was ist das?
der Hut	Das ist ein Hut.	der Mantel	Das ist ein Mantel.
das Hemd	Das ist ein Hemd.	.... T-Shirt	Das ist .... T-Shirt.
die Hose	Das ist ein**e** Hose.	.... Bluse	Das ist .... Bluse.
die Schuhe (Plural)	Das sind Schuhe.	.... Strümpfe	Das sind – Strümpfe.

b Was ist das? Sprechen Sie.

Das ist ein Hemd.

c Sammeln Sie Kleidungsstücke im Kurs. Sprechen Sie wie im Beispiel.

Was ist das? Ein Hemd?

Nein, vielleicht eine …

Nein, ich glaube, das sind …

Was ist das?

Das sind … Wie heißt das hier auf Deutsch?

Strümpfe, das sind Strümpfe.

UND SIE?

Zeigen Sie auf Ihre Kleidung. Fragen und antworten Sie.

Was ist das?

Eine Hose.

3 Mode-Kaufhaus

a Sehen Sie das Schild an. Wo steht so ein Schild? Kreuzen Sie an.

☐ Im Kaufhaus. ☐ Im Café. ☐ Beim Arzt. ☐ Im Kino.

b Lesen Sie. Wo findet man was? Lösen Sie die Aufgaben 1–5.

1. Eine Freundin hat ein Baby. Sie suchen ein Geschenk.
2. Es ist kalt in Deutschland. Sie brauchen warme Kleidung.
3. Herr Bahr sucht einen Anzug.
4. Sie haben Hunger.
5. Frau Özal sucht einen Rock.

1 Kindermode – 2. Stock

4. OG = im vierten Stock
3. OG = im dritten Stock
2. OG = im zweiten Stock
1. OG = im erstem Stock
EG = im Erdgeschoss

c Schreiben Sie die Nomen im Singular mit Artikel. Markieren Sie die Pluralformen.

Singular	Plural	Singular	Plural
der Herr	die Herren	....	die Pullover
....	die Damen	....	die Strümpfe
....	die Blusen	....	die Anzüge
....	die Hemden	....	die Schuhe
....	die Hosen	....	die Röcke
....	die Kleider	....	die Mäntel
....	die Kopftücher	....	die Jacketts

d **Spielen Sie. Person A sagt ein Nomen im Singular. Person B sagt die Pluralform.**

4 Sonderangebote

fünf Euro neunundneunzig

5.99 €

2.42 **a** **Hören Sie. Sprechen Sie die Preise.**

5,99 € • 6,59 € • 9,99 € • 25,79 € • 36,59 € • 44 € • 49,99 €

2.43 **b** **Hören Sie. Schreiben Sie die Preise.**

Liebe Kundinnen und Kunden, hier wieder ein paar Sonderangebote …

2.44 **c** **Schritt für Schritt – Üben Sie.**

… die Winterjacke? → … kostet die Winterjacke? → Was kostet die Winterjacke?
… 99 Euro. → … kostet 99 Euro. → Die Winterjacke kostet 99 Euro.

d **Fragen Sie nach den Preisen in 4b.**

Was kosten die Socken?

Die Socken kosten 5 Euro 99.

5 Was trägst du?

2.45 **a Hören Sie den Dialog. Ergänzen Sie die Kleidungsstücke.**

● Was trägst du heute?

○ Ich trage einen *Pullover*, einen ………, eine ……… und ………. Und du?

● Ich trage ein *Jackett*, ein ………, einen ……… und ……….

2.46 **b Schritt für Schritt – Üben Sie.**

… einen Rock. → … trage einen Rock. → Ich trage einen Rock.
… ein Kleid. → … trage ein Kleid. → Ich trage ein Kleid.
… eine Hose. → … trage eine Hose. → Ich trage eine Hose.
… Stiefel. → … trage Stiefel. → Ich trage Stiefel.

G

tragen	
ich	trag**e**
du	tr**ä**g**st**
er/es/sie	tr**ä**g**t**

c Sehen Sie die Tabelle an. Ergänzen Sie in 1–3 *ein*, *eine*, *einen* oder – .

G

	Nominativ	Akkusativ
der Rock	Das ist ein Rock.	Ich trage ein**en** Rock.

1. Ich trage heute *eine* Bluse, *einen* Pullover, ……… Rock und *–* Schuhe.
2. Sie trägt heute ……… Stiefel, ……… Mantel und ……… Mütze.
3. Er trägt heute ……… Anzug, ……… Armbanduhr und ……… Schal.

UND SIE?

Was trägst du gerne ☺? Was trägst du nicht gerne ☹?

a Fragen Sie im Kurs.

Was trägst du gerne?

☺ Ich trage gerne Röcke und Blusen. Und du?

☺ Ich trage gerne Jeans.

☹ Ich trage nicht gerne Anzüge.

b Fragen und erzählen Sie.

Trägt Amir gerne Anzüge?

Nein, er trägt nicht gerne Anzüge. Er trägt gerne Jeans.

6 Kleidung kaufen

2.47 **a Hören Sie. Was suchen die Personen?**

1. Amir Omera braucht einen .... für den Winter.
2. Gül Parlak sucht ein .... für Marie.
3. Samira Abirad sucht einen ....

2.48 **b Hören Sie und schreiben Sie die Farben.**

blau braun grau grün ~~schwarz~~ gelb rot weiß

schwarz ....
....

c Farben üben – Sprechen Sie im Kurs wie im Beispiel.

Sueli trägt einen Pullover. Der Pullover ist grün. Und Pjotr?

Pjotr trägt …

2.49 **d Hören Sie und ergänzen Sie den Dialog.**

blau ~~einen~~ Größe Kurz sind Winter

Kundin / **Verkäuferin**

- ● Ich suche einen Mantel für meinen Mann.
- ○ Herrenmäntel .... hier vorne. Winter oder Sommer?
- ● ....
- ○ Lang oder kurz?
- ● .... So bis hier.
- ○ Welche Farbe?
- ● Grau .... oder grün.
- ○ Welche Größe?
- ● .... 50 oder 52.
- ○ Gut, die sind hier rechts.

e Üben Sie den Dialog zu zweit.

7 Was kosten die Hemden?

2.50 **a Hören und üben Sie den Dialog.**

- ● Was kosten die Hemden?
- ○ Die hier? Moment – 59 Euro.
- ● Oh, das ist aber teuer.
- ○ Hier sind Hemden im Angebot. Nur 19 Euro 99.

b Schreiben und spielen Sie den Dialog mit anderen Kleidungsstücken.

Mäntel: 149 € Angebot: 69 €	Kleider: 79 € Angebot: 35 €	Hemden: 119 € Angebot: 48 €	Ihre Idee!

ÜBUNGEN

1 Kleidungsstücke

Wie heißen die Kleidungsstücke? Ordnen Sie sie nach der, das, die, die (Plural).

~~adhceuHhsn~~ • cheShu • ~~cKtpohuf~~ • ~~claSh~~ • dilKe • edHm • ~~eHos~~ • ekaJc • euBls • eckSon • ieltSfe • kcRo • lMeatn • sJean • tHu • zteüM

der	das	die	die (Plural)
der Schal	das Kopftuch	die Hose	die Handschuhe

Schuhe • Mütze • ~~Handschuhe~~ • Jeans • ~~Hose~~ • ~~Schal~~ • Kleid • ~~Kopftuch~~ •
Hemd • Socken • Bluse • Mantel • Hut • Jacke • Stiefel • Rock

2 Kleidung im Kurs

Schreiben Sie die Antworten wie im Beispiel.

1. Was ist das? Ein Wecker?  *Nein, das ist eine Uhr.*
2. Was ist das? Eine Bluse?  *Nein, das* ……
3. Was sind das? Sportschuhe?  ……

3 Mode-Kaufhaus

Wie heißen die Pluralformen?

eine Hose	drei	……	ein Schuh	zwei	……
ein Pullover	vier	……	ein Mantel	acht	……
eine Bluse	fünf	……	ein Strumpf	zwei	……
eine Mütze	sechs	……	ein Kopftuch	zehn	……

4 Sonderangebote

2.51 **Hören Sie die Ansagen. Kreuzen Sie an: richtig oder falsch.**

	R	F
1. Im Sonderangebot sind heute Winterjacken.	☐	☒
2. Stiefel für Damen sind neu im Angebot.	☐	☐
3. Im Sonderangebot gibt es Mäntel für 89 Euro.	☐	☐
4. Am Sonntag ist das Mode-Kaufhaus bis 16 Uhr offen.	☐	☐

5 Was trägst du?

a Schreiben Sie die Antworten.

1. Was trägst du heute?
2. Was trägt Selina?
3. Was trägt Tobias?

eine Bluse / und eine Hose. / Ich trage
und ein T-Shirt. / einen Rock / Sie trägt
und einen Schal. / einen Hut / Er trägt

1. Ich trage eine …

b Ergänzen Sie die Sätze.

1. Im Winter trage ich *eine* .... Jacke, ... Schal, ... Mütze und .... Stiefel.
2. Arne trägt heute .... Stiefel, ... Mantel und .... Hut.
3. Bea trägt im Sommer .... Rock, ... Bluse und .... Sportschuhe.

c Und Sie? Was tragen Sie heute? Schreiben Sie.

d Was trägst du gerne ☺? Was trägst du nicht gerne ☹?
Schreiben Sie Fragen und Antworten wie im Beispiel.

1. Amir / Anzüge? – Nein → Jeans
2. Samira / Jeans? – Nein → Kleider
3. Sylvie / Hüte? – Nein → Mützen
4. Kofi / Stiefel? – Nein → Sportschuhe

– Trägt Amir gerne Anzüge?
– Nein, er trägt nicht gerne Anzüge. Er trägt gerne Jeans.

6 Kleidung kaufen

2.52 **Ergänzen Sie den Dialog. Hören Sie zur Kontrolle.**

Nein, für meinen Sohn. Er ist 1,20 Meter. Grau oder rot oder gelb. ~~Ich suche eine Winterjacke.~~ Er ist 8.

● *Ich suche eine Winterjacke.*
○ Für Sie?
● ....
○ Wie alt ist er?
● ....
○ Kinderjacken sind hier vorne. Wie groß ist er?
● ....
○ Gut, Jacken für diese Größe sind hier. Welche Farbe?
● ....

7 Was kosten die Hemden?

2.53 **Hören Sie. Welche Reaktion passt?**

1. a Sie ist 10 Jahre alt.
   b Das ist aber teuer.
2. a Ich suche eine Hose.
   b Im dritten Stock.
3. a Lang.
   b 38 oder 40.
4. a Oh, das ist zu teuer.
   b Ich trage lieber Jeans.
5. a Ich mag rot und gelb.
   b Nein, ich trage gerne Röcke.

TRAINING

Schreibtraining

1 Ergänzen Sie die Nachricht. Sie haben immer zwei Möglichkeiten (a oder b). Vergleichen Sie im Kurs.

(1) ....

ich gehe (2) .... ins Kaufhaus. Kommst du mit?

Ich kaufe Kleidung. Ich brauche (3) ....

Es gibt viele Sonderangebote. Die (4) ....

kosten nur (5) .... Euro. Hast du Zeit?

Tschüs!

(6) ....

(1) a Hallo Istefo,
b Hallo Gül,

(2) a heute
b morgen

(3) a einen Pullover
b eine Jeans

(4) a Sportschuhe
b Mäntel

(5) a 49,99
b 29,90

(6) a Dein Tarek
b Deine Rana

2 Was ist hier falsch? Schreiben Sie die Notiz richtig.

Liebe Nora,
ich morgen ins kaufhaus gehe.
Ich brauche handschuhe.
Du kommst mit?
Tscüs
Diene Lulu

Liebe Nora, ...
....
....
....
....
....

LERNEN LERNEN – Welche Informationen brauche ich?

Fragen Sie immer: Welche Informationen brauche ich?
Suchen Sie dann die Informationen im Text.

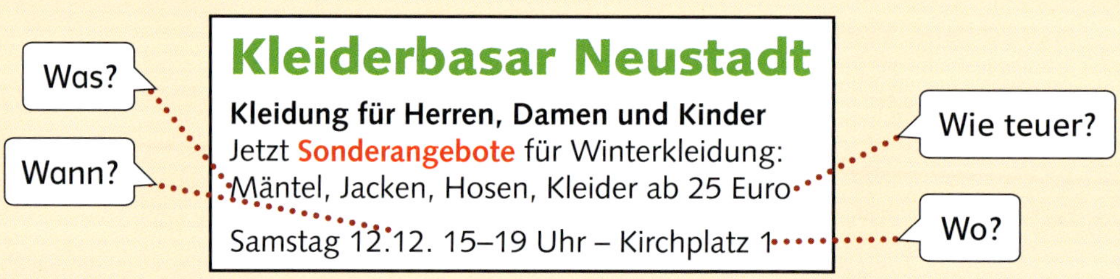

Sätze und Wörter

Schreiben Sie in Ihrer Sprache.

Ich suche ein Geschenk. ....
Ich suche Winterstiefel. ....
Ich brauche einen Herrenmantel. ....
Wo finde ich Strümpfe für Herren? ....
Die Kinderabteilung ist im 3. Stock. ....
Welche Größe? ....
Welche Farbe? ....
Wo sind die Toiletten, bitte? ....
Ich suche ein Kleid für meine Tochter. ....
Sie braucht Sportschuhe. ....
Die Socken kosten 5 Euro 69. ....
Das ist aber teuer. ....
Die Sommerröcke sind im Angebot. ....
Nur 19 Euro 99. ....
In Deutschland ist es kalt/warm. ....

Nomen

die Bluse	der Hut	der Mantel	die Stiefel ....
die Dame	die Jacke	die Mütze	der Stock ....
der Handschuh	das Kleid	der Pullover	die Strümpfe ....
das Hemd	die Kleidung	der Rock	das Unterhemd ....
die Hose	**das Kopftuch**	die Schuhe	

Verben

glauben	kaufen ....

Adjektive

blau	grau	orange	schwarz ....
braun	grün	rot	weiß ....
gelb	lila		

1 Wortakzent

♫ 2.54 **Hören Sie und klatschen Sie den Rhythmus. Sprechen Sie dann.**

der **Win**ter	die **Stie**fel	die **Win**terstiefel
die **Frei**zeit	die **Blu**sen	die **Frei**zeitblusen
der **Sport**	die **Schu**he	die **Sport**schuhe
die **Her**ren	der **Man**tel	der **Her**renmantel
der **Strumpf**	die **Ho**se	die **Strumpf**hose

2 Satzakzent

a **Lesen Sie die Dialoge in 2b laut. Welche Wörter sind schwierig? Markieren Sie.**

♫ 2.55 **b** **Hören Sie und sprechen Sie nach.**

- ● Ich suche einen Mantel für meinen Mann. ↘
- ○ Gerne, ↘ Herrenmäntel sind hier vorne. ↘

- ● Wo finde ich Strumpfhosen für Damen? ↗
- ○ Strümpfe und Strumpfhosen sind hier rechts. ↘

- ● Mein Sohn braucht Sportschuhe. ↘
- ○ Die Sportabteilung finden Sie hier links. ↘

MITEINANDER

Kleidung in Deutschland – Was kennen Sie? Kreuzen Sie an.

VORHANG AUF

Kleidung kaufen – Schreiben und spielen Sie Dialoge.

Wo finde ich Kleider? | Was kostet ...? | Welche Größe?

Mein Deutsch

Das kann ich:

Kleidung ----------→ **Was ist das? Schreiben Sie.**

Das ist ein Rock, ...

Kleidung kaufen ----------→ **Ordnen und spielen Sie den Dialog.**

Ich brauche eine Hose.

Lang oder kurz?

- [1] Ich brauche eine Hose.
- [ ] Grau oder blau.
- [ ] Das ist aber teuer.
- [ ] Diese kostet 69 Euro.
- [ ] Hier sind Hosen im Angebot.
- [ ] Lang.
- [ ] Größe 52.
- [ ] Welche Größe?
- [ ] Lang oder kurz?
- [ ] Welche Farbe?

Das kenne ich:

(G)

Verben im Präsens

	regelmäßig brauch**en**, such**en**, find**en**, kost**en** …	**unregelmäßig** trag**en**
ich	brauch**e**	trag**e**
du	brauch**st**	trä**gst**
er/es/sie	brauch**t**	trä**gt**

Artikel: *ein, eine*

Wie heißt das auf Deutsch?	Was ist das?
Rock, **der** Rock.	Das ist **ein** Rock.
Hemd, **das** Hemd.	Das ist **ein** Hemd.
Bluse, **die** Bluse.	Das ist **eine** Bluse.
Socken, **die** Socken.	Das sind – Socken.

Nominativ und Akkusativ: *ein, eine, einen*

	Nominativ	**Akkusativ**
der Rock	Das ist ein Rock.	Ich trage ein**en** Rock.
der Hut	Das ist ein Hut.	Ich trage ein**en** Hut.

⚠ Maskulinum Akkusativ: ein**en** — Genauso: kein**en**, mein**en**, Ihr**en** …
Merken Sie sich: Maskulinum Singular + **-en**.

Nach vielen Verben steht Akkusativ: brauchen, suchen, finden, kaufen, haben, tragen …

Ich (brauche) ein**en** Hut. (Hast) du ein**en** Mantel? Er (hat) ein**en** Mantel.
Sie (sucht) ein**en** Rock. Wo (finde) ich ein**en** Pullover? (Tragen) Sie gerne ein**en** Hut?

10 Gehen Sie geradeaus.

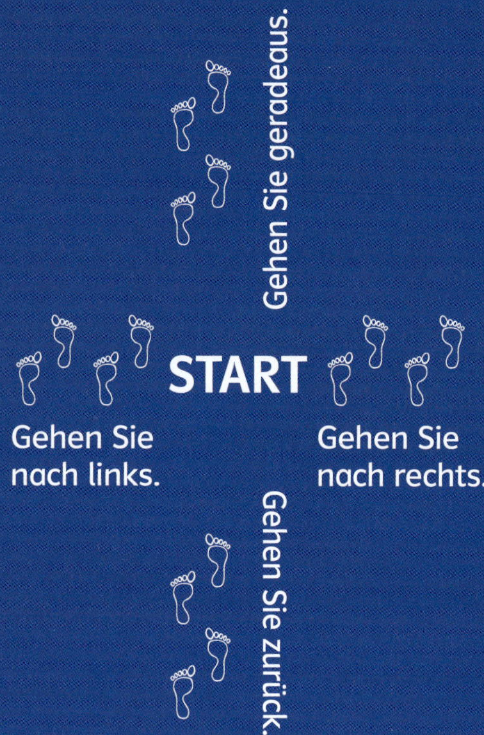

1 Links und rechts

2.56 **a Hören Sie und sprechen Sie mit.**

2.56 **b Hören Sie und gehen Sie mit.**

c Schreiben Sie Sätze.

links / Gehen / nach / Sie / . Gehen ....

nach / Sie / Gehen / rechts / . ...

Gehen / zurück / Sie / . ...

geradeaus / Gehen / Sie / . ...

d Welcher Weg stimmt? Ordnen Sie die Sätze 1–3 den Bildern A–C zu.

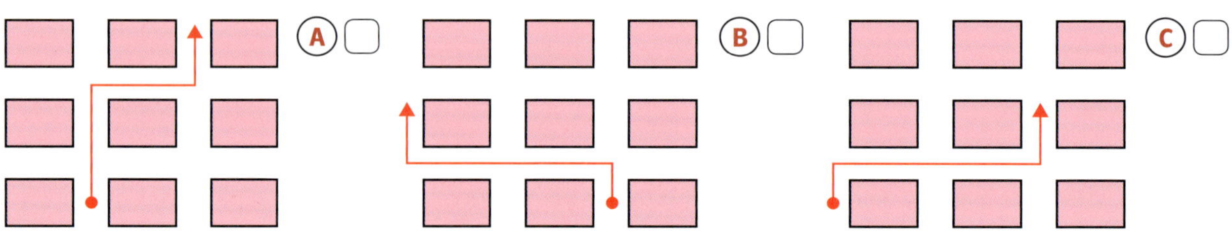

1. Gehen Sie nach links, dann geradeaus, dann nach rechts.
2. Gehen Sie geradeaus, dann nach rechts, dann nach links.
3. Gehen Sie nach rechts, dann geradeaus, dann nach links.

e **Spielen Sie „Augen zu“.**

2 Ratespiel – Welches Wort passt wohin?

Ordnen Sie die Wörter den Bildern zu.

die Ampel   die Bank   die Post   ~~die Kreuzung~~   die Straße

A 
die Kreuzung

B 
....

C 
....

D 

....

E 
....

(A) An einer … kommen zwei Straßen zusammen.
(B) Eine … ist lang oder kurz.
(C) Eine … ist rot, gelb oder grün.
(D) Die … ist da vorne.
(E) Die … ist da hinten.

UND SIE?

Im Klassenzimmer – Was ist da vorne, da hinten, da links, da rechts? Sprechen Sie.

Da vorne ist die Tafel.

3 Wie kommen wir zu dir?

2.57 **a Hören Sie. Was ist das Problem?**

- ▢ Ina und Abel kommen nicht zur Party.
- ▢ Ina und Abel finden den Weg nicht.

b Was schreibt Gül? Lesen Sie die SMS und kreuzen Sie an.

Gül schreibt:

- ▢ Ihr geht geradeaus, rechts, geradeaus, rechts, geradeaus, links.
- ▢ Ihr geht geradeaus, links, geradeaus, rechts, links.
- ▢ Ihr geht geradeaus, links, geradeaus, rechts, geradeaus, links.

G

ihr geht **ihr** steht **ihr** seid

c Ina und Abel sind am Bahnhof (●). Wie kommen sie zu Ewa? Zeichnen Sie den Weg in den Plan.

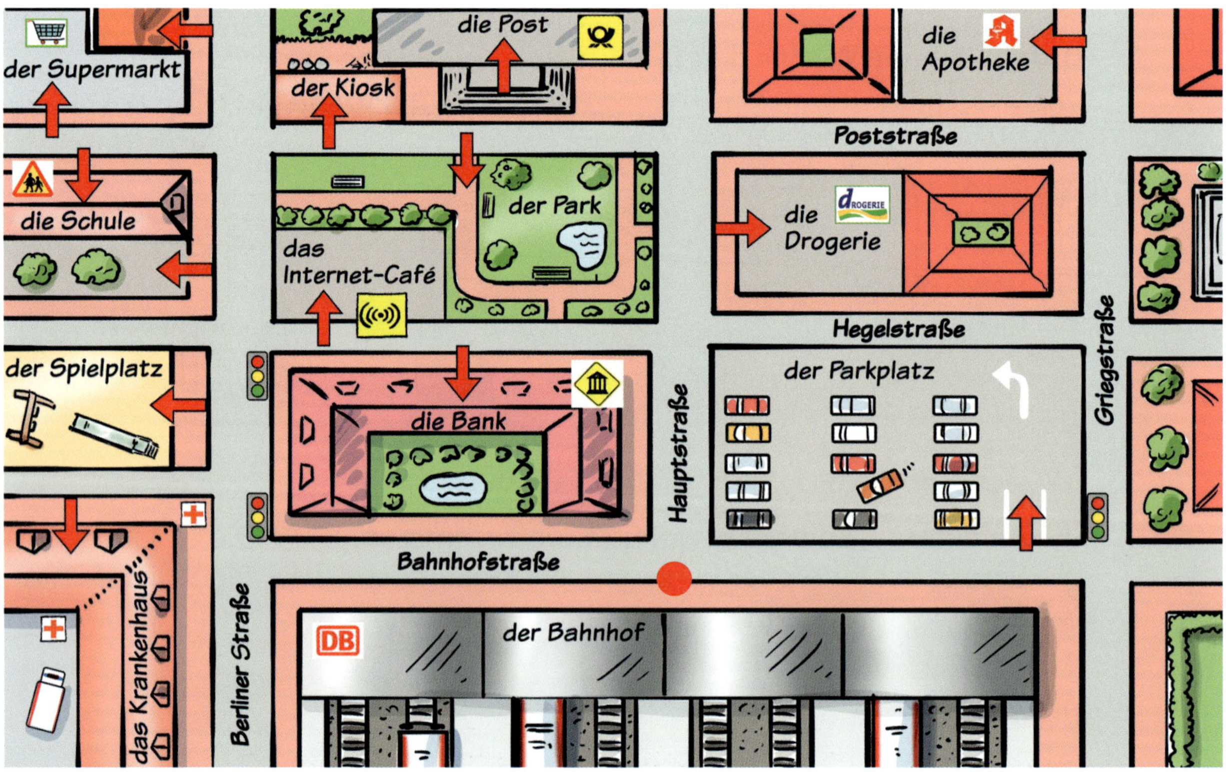

2.58 **d Sie sind auch am Bahnhof. Hören Sie das Navi. Wo kommen Sie an?**

Route 1: .... Route 2: .... Route 3: ....

4 Einen Weg beschreiben

Sehen Sie die Bilder an und schreiben Sie.

1. Gehen Sie an der Ampel nach rechts.

2. Gehen Sie an der ....

3. Gehen Sie ....

4. Gehen Sie ....

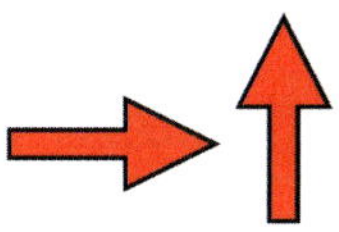
5. Gehen Sie ....
und dann ....

UND SIE?

Beschreiben Sie einen Weg. Wählen Sie.

Sie stehen am Bahnhof und spielen mit dem Stadtplan auf Seite 114. oder **Wo ist die Schule? Nehmen Sie einen Stadtplan und spielen Sie.**

A wählt ein Ziel und beschreibt einen Weg.
B „geht" mit dem Finger. Was ist das Ziel?

Gehen Sie nach rechts / nach links.
die …straße entlang.
geradeaus.
zurück.
an der Kreuzung nach rechts/links.
an der Ampel nach rechts/links.
zuerst … / dann … / wieder …

Da ist es links/rechts/…

Gehen Sie geradeaus, an der Kreuzung nach links, dann an der Kreuzung nach rechts, dann wieder an der Kreuzung nach rechts. Da ist es links.

Da ist die Post!

5 Ist ein Café in der Nähe?

2.59 **a Was hören Sie? Kreuzen Sie an.**

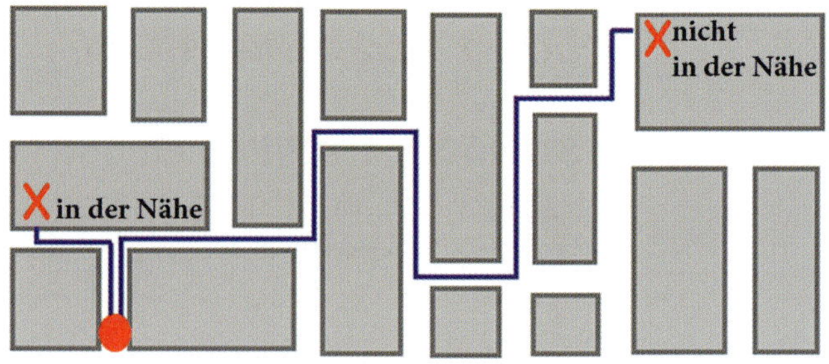

1. (a) In der Nähe ist eine Apotheke.
   (b) ☒ In der Nähe ist keine Apotheke.
   (c) Die Apotheke hat auf.
2. (a) In der Nähe ist ein Supermarkt.
   (b) In der Nähe ist kein Supermarkt.
   (c) Der Supermarkt heißt MB.
3. (a) In der Nähe ist ein Krankenhaus.
   (b) In der Nähe ist kein Krankenhaus.
   (c) Das Krankenhaus ist gut.

b Markieren Sie in 5a alle Artikel.

G

der → ein → kein
das → ein → kein
die → eine → keine

c Ergänzen Sie die Artikel in Dialog 1 und 2.

Dialog 1
- ● Entschuldigen Sie, ist hier in der Nähe ...ein... Café?
- ○ Nein, hier ist ...kein... Café. .... Café ist in der Berliner Straße.
- ● Ist .... Café schön?
- ○ Es tut mir leid, ich weiß es nicht.

Dialog 2
- ● Entschuldigung, eine Frage: Ist hier in der Nähe .... Apotheke?
- ○ Nein, hier in der Nähe ist .... Apotheke. .... Apotheke ist in der Griegstraße. Fünf Minuten zu Fuß.
- ● Hat .... Apotheke auf?
- ○ Ja, sicher.

d Ordnen Sie und spielen Sie den Dialog.

.... Hat der Supermarkt Fisch?
.... Nein, hier ist kein Supermarkt. Ein Supermarkt ist in der Poststraße.
.... Es tut mir leid, ich weiß es nicht.
...1... Entschuldigen Sie, ich habe eine Frage: Ist hier in der Nähe ein Supermarkt?

6 Entschuldigen Sie ...

a Ergänzen Sie den Dialog.

keine Drogerie   die Drogerie   ~~eine Drogerie~~   Eine Drogerie

- ○ Entschuldigen Sie, ich habe eine Frage: Ist hier in der Nähe ...eine... ...Drogerie...?
- ● Nein, hier in der Nähe ist ....
  .... ist in der Hauptstraße.
- ○ Hat .... auf?
- ● Es tut mir leid, ich weiß es nicht.

b Schreiben und spielen Sie Dialoge.

Kiosk • Bank • Internet-Café • Supermarkt • Bäckerei • …

● Entschuldigen Sie, eine Frage: Ist hier in der Nähe ein/eine …?

○ Nein, hier in der Nähe ist kein/keine … Ein/eine … ist in der …straße. Ja, ein/eine … ist in der …straße.

● Hat der/das/die … auf?

○ Ja, sicher. / Es tut mir leid, ich weiß es nicht.

Entschuldigen Sie, eine Frage: Ist hier in der Nähe ein Kiosk?

Nein, hier in der Nähe ist kein Kiosk. Ein …

7 Wann fährt der Bus ins Zentrum?

a Welche Verkehrsmittel kennen Sie und welche benutzen Sie? Kreuzen Sie an und ergänzen Sie.

U-Bahn

☐ Bus

☐ Straßenbahn

☐ Zug

☐ S-Bahn

☐ ……………………………

☐ ……………………………

2.60 **b Hören Sie und sprechen Sie nach.**

● Entschuldigung, welcher Bus fährt ins Zentrum?

○ Die Nummer 25.

● Wann fährt der Bus?

○ Um 8 Uhr 13. Er fährt alle 20 Minuten.

c Verbinden Sie die Satzteile.

● Entschuldigung, welche Straßenbahn	die Straßenbahn?
○ Die	alle 10 Minuten.
● Wann fährt	fährt zum Zoo?
○ Um 10 Uhr 20. Sie fährt	Nummer 12.

d Schreiben und spielen Sie Dialoge wie in 7c.

UND SIE?

Verwenden Sie einen Stadtplan. Wo ist Ihr Kurs? Wo wohnen Sie? Beschreiben Sie den Weg. Zu Fuß? Mit dem Auto? Mit der Straßenbahn? Schreiben Sie.

Ich wohne in der …straße.
Meine Schule ist am …platz.
Ich komme mit dem/der … / zu Fuß.
Ich fahre / gehe so: zuerst …, dann …

ÜBUNGEN

1 Links und rechts

Beschreiben Sie den Weg.

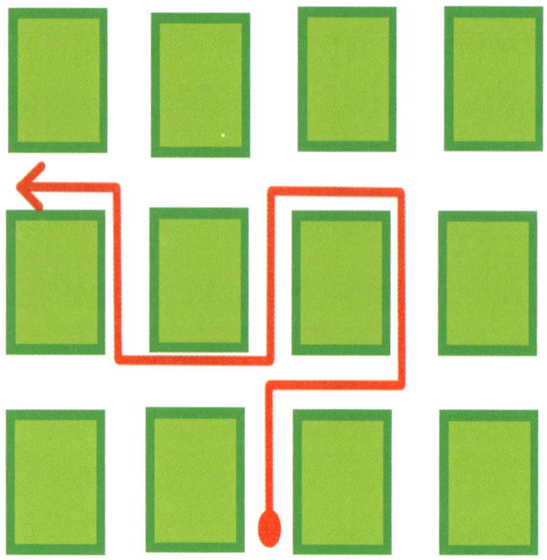

Gehen Sie geradeaus.

2 Ratespiel

Finden Sie neun Wörter und schreiben Sie sie ins Heft.

G	E	R	A	D	E	A	U	S	Z
E	L	R	E	C	H	T	S	I	U
H	I	S	T	R	A	ß	E	X	R
E	N	W	Y	N	A	C	H	E	Ü
N	K	R	E	U	Z	U	N	G	C
Ö	S	T	A	M	P	E	L	I	K

gehen
rechts
…

3 Wie kommen wir zu dir?

Ergänzen Sie die Endungen.

Liebe Ewa, lieber Kamal,
die Party ist am Samstag bei mir zu Hause. Hier ist die Wegbeschreibung. Ihr komm__ vom Bahnhof. Ihr geh__ zur Hauptstraße und dann 200 Meter geradeaus. An der Ampel geh__ ihr nach links. An der Kreuzung seh__ ihr eine Schule. Da arbeit__ ich! Da geh__ ihr nach rechts. Nach 300 Metern hör__ ihr Musik! Da sind wir.
Bis bald ☺
Maria

4 Einen Weg beschreiben

Ergänzen Sie.

der Supe__mar__t • der __ark • das __nte__net-__afé • die __rog__rie • der __ahn__of • der __ark__latz • das __ran__enh__us • die __ank • die __chu__e

5 Ist ein Café in der Nähe?

Unterstreichen Sie das richtige Wort.

- ● Entschuldigen Sie, ist hier in der Nähe **eine** / ~~**die**~~ Drogerie?
- ○ Nein, hier ist **eine** / **keine** Drogerie.
  Eine / **Keine** Drogerie ist in der Berliner Straße, 900 Meter geradeaus.
- ● Oh, ist **die** / **eine** Drogerie groß?
- ○ Ich weiß es nicht, es tut mir leid.
- ● Oder ist hier in der Nähe **eine** / **keine** Apotheke?
- ○ Nein, hier in der Nähe ist **eine** / **keine** Apotheke.
  Eine / **Die** Apotheke ist in der Griegstraße, 400 Meter nach links.
- ● Und hat **die** / **keine** Apotheke auf?
- ○ Ja, sicher.

6 Entschuldigen Sie ...

Schreiben Sie die Fragen.

- ● Entschuldigen Sie, *ist hier in der Nähe ein Parkplatz?*
- ○ Nein, hier ist kein Parkplatz. Ein Parkplatz ist am Berliner Platz, 800 Meter zurück.
- ● Entschuldigen Sie, ...
- ○ Nein, hier ist kein Internet-Café. Ein Internet-Café ist am Bahnhof.
- ● Entschuldigen Sie, ...
- ○ Nein, hier in der Nähe ist keine Bank. Es tut mir leid.

7 Wann fährt der Bus ins Zentrum?

Finden Sie zwei Dialoge.

- ● ~~Entschuldigung, welcher Bus fährt ins Zentrum?~~
- ● Entschuldigung, welche Straßenbahn fährt zum Bahnhof?
- ○ Die Straßenbahn Nummer 12.
- ○ ~~Der Bus Nummer 25.~~
- ● Wann fährt der Bus?
- ● Wann fährt die Straßenbahn?
- ○ Um 9 Uhr 10. Sie fährt alle 10 Minuten.
- ○ Um 9 Uhr 10. Er fährt alle 10 Minuten.

TRAINING

Schreibtraining

Beate besucht Hafiza. Ergänzen Sie die Nachricht von Hafiza.

fährt — An der Ampel — Am Schillerplatz — Akazienweg 4b — nach rechts — geradeaus

Hallo Beate!
Meine Adresse ist ....
Der Bus Nr. 8 fährt zum Schillerplatz. Er .... alle 10 Minuten.
.... gehst du nach links in die Tischbeinstraße.
Da gehst du 200 Meter .... Da kommt eine Ampel. .... gehst du nach rechts.
Und dann gleich wieder ....
Bis morgen! ☺
Hafiza

LERNEN LERNEN – Tipps zum Deutschlernen

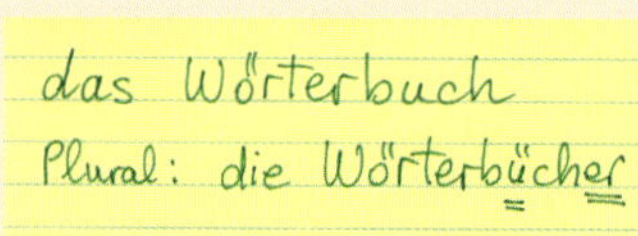

Lernen Sie Wörter mit Lernkarten.

Ich habe eine Frage ...

Sprechen Sie viel.

Lesen Sie viel auf Deutsch.

Schauen Sie Fernsehen auf Deutsch, auch mit Untertiteln.

Hören Sie Radio und Musik auf Deutsch.

Machen Sie Wortspiele und Lernspiele auf Deutsch.

Sätze und Wörter

Schreiben Sie in Ihrer Sprache.

Ist hier ein Supermarkt? ....

Es tut mir leid, ich weiß es nicht. ....

Ist ein Café in der Nähe? ....

Gehen Sie geradeaus, dann nach links. ....

Gehen Sie an der Ampel nach rechts. ....

Gehen Sie an der Kreuzung geradeaus. ....

Gehen Sie zurück. ....

Da vorne/hinten ist die Post. ....

Da ist es links/rechts. ....

Wann fährt der Bus ins Zentrum? ....

Welche U-Bahn fährt zum Bahnhof? ....

Der Bus fährt alle 20 Minuten. ....

Ich fahre mit dem Auto. ....

Ich gehe zu Fuß. ....

Kommst du morgen? ....

Bis gleich! ....

Wie komme ich zu dir? ....

Wann kommst du an? ....

Die Apotheke hat auf. ....

Nomen

die Ampel	das Café	die Kreuzung	die Straßenbahn
....	....	....	....
die Apotheke	die Drogerie	die Post	der Weg
....	....	....	....
der Bahnhof	das Internet-Café	die S-Bahn	das Ziel
....	....	....	....
die Bank	der Kiosk	der Stadtplan	der Zug
....	....	....	....

Verben

benutzen	beschreiben	fahren
....	....	....

Andere Wörter

geradeaus	nach links	welcher, welche	zuerst
....	....	....	....
lang / kurz	nach rechts	wieder	zurück
....	....	....	....

Wortakzent

♫ 2.61 **a Hören Sie und markieren Sie den Wortakzent. Sprechen Sie.**

die A po the ke • die Bäc ke rei •
der Su per markt • das Kran ken haus •
Ent schul di gung! • das Ver kehrs mit tel •
das Ca fé • der Ter min •
die Mi nu te • Ber li ner Stra ße •
ge ra de aus • die Stra ßen bahn

TIPP: Wörter lernen
Lernen Sie die Wörter immer
– mit Wortakzent
– mit Vokal lang/kurz
Sprechen Sie die Wörter laut!

♫ 2.62 **b Hören Sie und markieren Sie den Wortakzent. Sprechen Sie.**

1. Guten Morgen! • Ich heiße • Sehr gut! • Es geht!
2. Ich komme • aus Afghanistan • aus der Türkei
3. das Wörterbuch • schreiben • lernen • spielen
4. meine Eltern • meine Geschwister • verheiratet • ledig
5. Schokolade • Nudeln • Reis • Gemüse • Kaffee • trinken
6. Montag • frühstücken • arbeiten • putzen • Freunde besuchen
7. die Verkäuferin • die Hausfrau • im Supermarkt
8. der Rücken • die Beine • Halsschmerzen • der Zahnarzt
9. der Mantel • die Sportschuhe • die Hose • tragen
10. geradeaus • die Ampel • die Kreuzung

MITEINANDER

Auf der Straße – Was kennen Sie? Kreuzen Sie an.

A ☐

B ☐

C ☐

D ☐

VORHANG AUF

Würfeln und spielen Sie.

Was ist das?

→ Bus 25 – ins Zentrum – alle 10 Minuten **Spielen Sie einen Dialog.**
→ Was ist das?

→ Beschreiben Sie einen Weg mit einem Stadtplan.
→ Hat der Supermarkt jetzt auf? Antworten Sie.
→ U-Bahn – zur Schule – alle 15 Minuten Spielen Sie einen Dialog.
→ Was ist das?

→ Ist eine Bank in der Nähe? Spielen Sie einen Dialog.

Mein Deutsch

Das kann ich:

Verkehrsmittel

Was fährt in der Stadt? Schreiben Sie.

das Auto, ...

In der Stadt

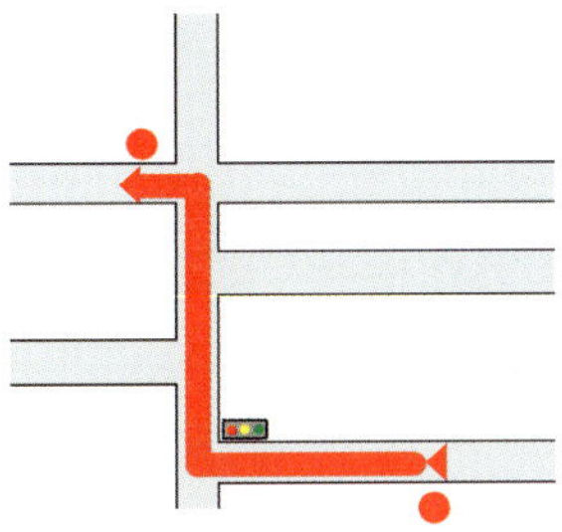

Ergänzen Sie.

geradeaus links links rechts Ampel Kreuzung

Gehen Sie zuerst nach .... Dann an der .... nach rechts. Dann .... An der .... gehen Sie nach .... Da ist es ....

In der Nähe

Schreiben Sie den Dialog richtig.

- ☐ Entschuldigung,isthierinderNäheeinCafé?
- ☐ Nein,hieristkeinCafé.EinCaféistinderSeestraße.
- ☐ IstdasCafégut?
- ☐ Estutmirleid,ichweißesnicht.

Das kenne ich:

G

Verben: Konjugation

gehen		fahren		haben		sein	
ich	gehe	ich	fahre	ich	habe	ich	bin
du	gehst	du	fährst	du	hast	du	bist
er, es, sie	geht	er, es, sie	fährt	er, es, sie	hat	er, es, sie	ist
wir	gehen	wir	fahren	wir	haben	wir	sind
ihr	geht	ihr	fahrt	ihr	habt	ihr	seid
sie, Sie	gehen	sie, Sie	fahren	sie, Sie	haben	sie, Sie	sind

ihr: ihr geht, ihr kommt, ihr fahrt, ihr steht, ihr **seid**

Bestimmte und unbestimmte Artikel

Ist **eine** Apotheke in der Nähe?

Nein, in der Nähe ist **keine** Apotheke.
Ja, in der Nähe ist **eine** Apotheke.
Die Apotheke hat auf.

der → ein → kein
das → ein → kein
die → eine → keine

der Bahnhof / ein Bahnhof / kein Bahnhof
das Café / ein Café / kein Café
die Bank / eine Bank / keine Bank

Testtraining 1 – Nach den Kapiteln 1 bis 5

Begrüßungen

Was ist richtig? Kreuzen Sie an.

	Guten Morgen,	[x] Herr Müller.	[ ] Müller.	[ ] Abend.
	Guten Morgen, wie	[ ] heißen?	[ ] heiße?	[ ] heißen Sie?
	Ich	[ ] heißen Huk.	[ ] heiße Huk.	[ ] sein Huk.
____/3	Hallo, wie geht es	[ ] Frau?	[ ] du?	[ ] Ihnen?

Herkunft und Wohnort

Was passt? Markieren Sie.

	Woher • Wie • Wo	kommen Sie?
	Ich gehe • wohne • komme	aus Birma.
	Woher • Wie • Wo	wohnen Sie?
____/3	Ich bin • wohne • komme	in Kassel.

Buchstabieren

Ergänzen Sie den Dialog. Danke • das • ~~Hallo~~ • ~~ich~~ • schreibt • wie

- ● Hallo ……, ich …… heiße Jussuf.
- ○ Entschuldigung, …… heißen Sie?
- ● Jussuf Al-Samir.
- ○ Wie …… man …… ?
- ● J-U-S-S-U-F

____/4 ○ …… .

Telefonnummer

Ergänzen Sie den Dialog. Bitte, bitte • Ihre • ist • Meine • Telefonnummer • Wie

- ● Wie …… ist Ihre …… , bitte?
- ○ …… Telefonummer ist 06231 4105088. Und …… ?
- ● Meine Nummer …… 01551 7356962.
- ○ Danke!

____/4 ● …… !

Verabschiedung

Was ist richtig? Kreuzen Sie an.

____/1 [ ] Auf Morgen. [ ] Auf Wiedersehen. [ ] Auf Tag.

Im Deutschkurs

a Schreiben Sie die Wörter mit Artikel zu den Bildern.

____/4 der Radiergummi ....

b Ordnen Sie den Dialog.

☐ a) ● Oh, danke! Und das?
[1] b) ● Wie heißt das auf Deutsch?
☐ c) ○ Das heißt Stuhl.
☐ d) ○ Das weiß ich nicht.

____/3

Familie

a Männer und Frauen – Was ist richtig? Ordnen Sie 1–5 und a–e zu.

1. Mann und Frau
2. Bruder und ....
3. Opa und ....
4. Sohn und ....
5. Vater und ....

a) Oma
b) ~~Frau~~
c) Mutter
d) Schwester
e) Tochter

____/4

b Was ist richtig? Kreuzen Sie an.

Mein Kind	[X] ist drei Jahre alt.	☐ sein drei Jahre alt.	☐ sind drei Jahre alt.
Ich bin	☐ zwei Kinder.	☐ verheiratet.	☐ einen Freund.
Ich habe	☐ getrennt.	☐ einen Sohn.	☐ zwei.

____/2

Essen und Trinken

Schreiben Sie die Wörter mit Artikel zu den Bildern.

____/4 1. der Fisch 2. .... 3. .... 4. .... 5. ....

Lebensmittel einkaufen

1.84 **Hören Sie. Kreuzen Sie an: richtig oder falsch?**

	Richtig	Falsch
1. Herr Özer kauft Gemüse.	☐	☐
2. Frau Berg kauft Kartoffeln.	☐	☐
3. Die Kartoffeln kosten 2,29 das Kilo.	☐	☐
4. Frau Berg kauft Tomaten.	☐	☐
5. Frau Berg kauft drei Kilo Tomaten.	☐	☐

____/4

Gesamtpunktzahl 36 Meine Punktzahl .... 36–33 ☺☺☺ / 32–27 ☺☺ / 26–21 ☺ / 20–18 ☹

Testtraining 2 – Nach den Kapiteln 6 bis 10

Hören 1

♫ 2.63 **Hören Sie jeden Text zweimal. Kreuzen Sie an.**

1 Wann treffen sie sich?

(a) Um 6 Uhr. (b) Um 16 Uhr. (c) Um 6 Uhr 30.

2 Was hat Frau Melek?

___/2 (a) Kopfschmerzen. (b) Halsschmerzen. (c) Fieber.

Hören 2

♫ 2.64 **Hören Sie jeden Text einmal. Kreuzen Sie die richtige Lösung an.**

	3 Die kleine Milena ist an der Information im zweiten Stock.	☐ **Richtig**	☐ **Falsch**
	4 Heute gibt es ein Sonderangebot: Tomaten für 2 Euro 29 das Kilo.	☐ **Richtig**	☐ **Falsch**
___/3	**5** Der Supermarkt schließt um 21 Uhr.	☐ **Richtig**	☐ **Falsch**

Hören 3

♫ 2.65 **Hören Sie jeden Text zweimal. Kreuzen Sie an.**

6 Woher kommt Herr Behn?

(a) Aus Chile.
(b) Aus Tschechien.
(c) Aus China.

7 Wann ruft Ron wieder an?

(a) Um 8 Uhr.
(b) Um 15 Uhr 30.
(c) Um 18 Uhr.

8 Wo wohnt Frau Sarti?

(a) Blumenstraße 3.
(b) Blumenstraße 13.
(c) Blumenthalstraße 3.

___/3

Lesen 1

Sind die Sätze 9–11 richtig oder falsch? Kreuzen Sie an.

Hallo, Tarek,
ich hoffe, bei euch ist alles o. k. Ricardo und mir geht es ganz gut. Ricardo hat jetzt Arbeit in einem Supermarkt. Er arbeitet 24 Stunden in der Woche. Von Montag bis Samstag. Jeden Tag 4 Stunden am Nachmittag. Verkäufer ist nicht sein Beruf. Aber es ist ein Anfang. Seit vier Wochen haben wir ein Auto. Am Wochenende fahren wir gerne nach Düsseldorf. Das macht Spaß. Mit dem Auto fahre ich auch in die Arbeit. Ich arbeite 20 Stunden pro Woche bei einem Friseur.
Liebe Grüße Cora

	9 Ricardo arbeitet von Montag bis Samstag.	☐ **Richtig**	☐ **Falsch**
	10 Er arbeitet vier Stunden am Tag.	☐ **Richtig**	☐ **Falsch**
___/3	**11** Cora arbeitet nicht.	☐ **Richtig**	☐ **Falsch**

Lesen 2

Lesen Sie die Texte und die Aufgaben 12 und 13.

Wo finden Sie die Informationen? Kreuzen Sie an.

12 Sie möchten Geld verdienen. Sie haben nur am Samstag Zeit.

ⓐ **Restaurant zum Roten Fuchs**
Wir brauchen Hilfe!
Samstag und/oder Sonntag, 10 Uhr bis 15 Uhr
Kontakt 01452-7558771

ⓑ **Imbisshalle „BroilerStation"**
Wir suchen eine Teilzeitkraft.
2 bis 3 Tage pro Woche, 12 Stunden.
Kontakt 01377-898234.

13 Ihre Tochter ist zwölf. Sie möchte Sport machen.

ⓐ **Sportstudio Geist**
Neue Kurse: Gymnastik, Pilates, Tai Chi
Gruppen für Frauen ab 40. Informationen:
www.sportgeist.de

ⓑ **FC Victoria Neckarhausen**
Wer macht mit in unserer Kinder-Fußballmannschaft (6–13 Jahre)? Meldet euch bei Frau Spraul 06203-81237.

____/2

Lesen 3

Lesen Sie die Texte und die Aufgaben 14 und 15. Kreuzen Sie an.

Restaurant Gutshof
Liebe Gäste,
wegen Krankheit bleibt das Restaurant heute und morgen geschlossen. Am Freitag sind wir dann wieder für Sie da.

Liebe Kunden!
Am **1. März** haben wir neue Öffnungszeiten:
Montag bis Freitag 10 bis 21 Uhr
Samstag 10 bis 16 Uhr · Sonntag geschlossen

14 Morgen ist der „Gutshof" geschlossen.

☐ **Richtig** ☐ **Falsch**

15 Sie können jetzt auch am Sonntag einkaufen.

☐ **Richtig** ☐ **Falsch**

____/2

Schreiben 1

Ergänzen Sie das Formular für Hassan.

Ihr Freund Hassan kommt aus Tunesien. Sein Familienname ist Chatti. Er ist 23. Er wohnt in Köln, in der Berliner Straße 26.
Er hat ein Handy mit der Nummer 01211-5722599. Er möchte Deutsch lernen. Er hat ein Formular vom Deutschkurs und braucht Ihre Hilfe.

____/5

INTERLINGUA-SPRACHKURSZENTRUM

Vorname	
Familienname	
Straße	
Wohnort	
Telefon	

Gesamtpunktzahl 20 Meine Punktzahl .... 19–20 ☺☺☺ / 16–18 ☺☺ / 13–15 ☺ / 10–12 😐

Quellen

Fotos, die im Folgenden nicht aufgeführt sind: Annalisa Scarpa-Diewald

7 Logos: © ALDI SÜD, ALDI SÜD Dienstleistungs-GmbH & Co. oHG; Audi AG, Ingolstadt; Bio –Bundesanstalt für Landwirtschaft und Ernährung, Bonn; Chocoladefabriken Lindt & Sprüngli GmbH, Aachen; METRO Cash & Carry Deutschland GmbH, Düsseldorf; OBI Group Holding SE & Co. KGaA, Wermelskirchen; real,- SB-Warenhaus GmbH, Mönchengladbach; REWE Group, Köln; **17** Afghanin: iStockphoto (PacoRomero), Calgary, Alberta; Mann aus Ghana: Shutterstock (AVAVA), New York; Mann aus Eritrea: Shutterstock (Vladyslav Starozhylov), New York; Inderin: Shutterstock (Rob Marmion), New York; **18** Champagnerflasche: Shutterstock (ifong), New York; Mädchen: Shutterstock (Patrick Foto), New York; Schlagzeuger: Shutterstock (Kucher Serhii), New York; Tänzerinnen: Shutterstock (Ariwasabi), New York; **19** Männer im Gespräch: stock.adobe.com (JackF), Dublin; **23** Nargis: Shutterstock (mdurson), New York; **28** Schultafel: Shutterstock (Bubo4ka), New York; **32** Frau Al Samir: Shutterstock (michaeljung), New York; **36** Frau aus Eritrea: Shutterstock (Anton_Ivanov), New York; Mann aus Jordanien: Shutterstock (Ashwin), New York; **40** Pepo: Shutterstock (Pavel L Photo and Video), New York; **40, 46** Alina: Shutterstock (Emena), New York; Ava: Shutterstock (ESB Basic), New York; Claudia: Shutterstock (rj lerich), New York; Emilio: Shutterstock (Billion Photos), New York; Julio: iStockphoto (jordanchez), Calgary, Alberta; Manuel: Shutterstock (Jenkedco), New York; Maria: Shutterstock (ESB Basic), New York; Miguel: Shutterstock (alexandre zveiger), New York; **41** Frau mit Baby: Shutterstock (Jeanne Provost), New York; Mädchen mit Opa: Shutterstock (Rob Marmion), New York; Mann mit Eltern: Shutterstock (foto ARts), New York; Paar: Shutterstock (Rob Marmion), New York; **44** Aylin: iStockphoto (juanestey), Calgary, Alberta; **48** Frau Aziz: Shutterstock (ESB Professional), New York; Maria: Shutterstock (Monkey Business Images), New York; Sabine und Norbert: Shutterstock (Monkey Business Images), New York; Familie Kabak: Annie Faugère; **52, 58, 125** Fisch: stock.adobe.com (matka_Wariatka), Dublin; Milch: Shutterstock (Quayside), New York; Reis: Shutterstock (digieye), New York; Tee: Shutterstock (kurhan), New York; Wasser: Shutterstock (Bomshtein), New York; **52, 58** Apfelsaft: stock.adobe.com (Inga Nielsen), Dublin; Brot: stock.adobe.com (felinda), Dublin; Fleisch: stock.adobe.com (Marzia Giacobbe), Dublin; Gemüse: Shutterstock (Yasonya), New York; Kaffee: Shutterstock (Valentyn Volkov), New York; Kartoffel: Shutterstock (JIANG HONGYAN), New York; Käse: Shutterstock (pikselstock), New York; Obst: Shutterstock (Sandra van der Steen), New York; Schokolade: Shutterstock (Danny Smythe), New York; Spaghetti: stock.adobe.com (yamix), Dublin; Wurst: Shutterstock (Gita Kulinitch Studio), New York; **56** Äpfel: Shutterstock (Lotus Images), New York; Eier: Shutterstock (saiko3p), New York; Kaffeebohnen: Shutterstock (Ksw Photographer), New York; Milch: Milchwerke Berchtesgadener Land Chiemgau eG, Piding; Mineralwasser: stock.adobe.com (alexlukin), Dublin; Pizza: stock.adobe.com (Svenja98), Dublin; Rindfleisch: Shutterstock (Luca Santilli), New York; Spaghetti: Shutterstock (Nitr), New York; Tomatenmark: Shutterstock (Rob Stark), New York; **57** Markt: Shutterstock (Corepics VOF), New York; **59** Kundin: stock.adobe.com (contrastwerkstatt), Dublin; **64** Berlin: Shutterstock (canadastock), New York; **67** fernsehen: Shutterstock (Brian A Jackson), New York; Kino: Shutterstock (StockLite), New York; Wohnung putzen: Shutterstock (Africa Studio), New York; Zeitung lesen: stock.adobe.com (Bernd Leitner), Dublin; **68** Gedeckter Tisch: Shutterstock (GANNA MARTYSHEVA), New York; Schwimmbad: stock.adobe.com (.shock), Dublin; Rockband: Shutterstock (Nejron Photo), New York; Superheld: Fotolia (topvectors), New York; Theatervorhang: Shutterstock (Dim Dimich), New York; Yoga: Shutterstock (My Good Images), New York; **69, 75** Grillen: Shutterstock (bbernard), New York; **72** Mädchen: Shutterstock (Air Images), New York; Mann: Shutterstock (Phovoir), New York; **76, 78** Kellner Shutterstock (Minerva Studio), New York; Krankenschwester: Shutterstock (Monkey Business Images), New York; **76, 82** Elektriker: stock.adobe.com (Lisa F. Young), Dublin; Friseur: stock.adobe.com (contrastwerkstatt), Dublin; Hausfrau: stock.adobe.com (Dron), Dublin; Köchin: stock.adobe.com (Marin Conic), Dublin; Lehrerin: Shutterstock (SpeedKingz), New York; Taxifahrer: stock.adobe.com (Dron), Dublin; Verkäuferin: Shutterstock (Dmitry Kalinovsky), New York; **77** Verkäuferin: stock.adobe.com (Andrey Popov), Dublin; Männer: stock.adobe.com (auremar), Dublin; Frauen: stock.adobe.com (Olga Sapegina), Dublin; **78** Bauarbeiter: Shutterstock (david n madden), New York; Hausfrau: Shutterstock (William Perugini), New York; Mechatroniker: stock.adobe.com (Karin & Uwe Annas), Dublin; **80** Krankenschwester: Shutterstock (Ladkrabangstocker), New York; **82** Hausmann: Shutterstock (Belinka), New York; **83** Schwestern: Shutterstock (Dolly), New York; **86** Dachdeckerin: Shutterstock (Monkey Business Images), New York; Erzieher: Shutterstock (Monkey Business Images), New York; Feuerwehrleute: Shutterstock (Kzenon), New York; Abteilungsleiterin: Shutterstock (Syda Productions), New York; **89** Bauchschmerzen: iStockphoto (xalanx), Calgary, Alberta; Rückenschmerzen: Shutterstock (PeJo), New York; Zahnschmerzen: stock.adobe.com (Janina Dierks), Dublin; **91** Mutter und Kind: Shutterstock (Jamie Wilson), New York; **92** Dr. Mailänder: Shutterstock (carlosseller), New York; Kopfschmerzen: stock.adobe.com (Gina Sanders), Dublin; Müde: stock.adobe.com (tab62), Dublin; Ohrenschmerzen: stock.adobe.com (SENTELLO), Dublin; Rückenschmerzen: stock.adobe.com (mangostock), Dublin; **95** Arzthelferin: Shutterstock (Marcin Balcerzak), New York; **96** Frau: Shutterstock (YAKOBCHUK VIACHESLAV), New York; **100** Frau auf der Wiese: Shutterstock (Valentina Proskurina), New York; Frau auf Koffer: stock.adobe.com (amaxim), Dublin; Mann: Shutterstock (Alexander Image), New York; Kinder auf Schlitten: Shutterstock (Bosnian), New York; Paar: Shutterstock (wavebreakmedia), New York; Springende Frau: Shutterstock (Anna Om), New York; **101** Hose: Shutterstock (Karkas), New York; Jacke: Shutterstock (terekhov igor), New York; Mütze Shutterstock (Scott Waldron), New York; Rock: Shutterstock (maxstockphoto), New York; Schuhe: Shutterstock (arosoft), New York; **101, 106** Hemd: Shutterstock (gogoiso), New York; **102** Kaufhaus: Shutterstock (Ru Bai Le), New York; **103** Bluse: Shutterstock (vovan), New York; Jeans: Shutterstock (maxstockphoto), New York; Kinderstiefel: stock.adobe.com (siwi1), Dublin; Kleid: Shutterstock (kedrov), New York; Rock: Shutterstock (kedrov), New York; Socken: stock.adobe.com (Andrea Wilhelm), Dublin; Unterhemd: Shutterstock (ecco), New York; Jacke: stock.adobe.com (BEAUTYofLIFE), Dublin; Mütze Shutterstock (vitaliy_73), New York; **106** Uhr: stock.adobe.com (Matthias Buehner), Dublin; Stiefel: stock.adobe.com (by-studio), Dublin; **117** Bus: Shutterstock (Art Konovalov), New York; S-Bahn: Shutterstock (Leonid Andronov), New York; Straßenbahn: stock.adobe.com (Peter Atkins), Dublin; Shutterstock (Daniel Nachtigall), New York; **120** Lesen: Shutterstock (Rvector), New York; Medien-Icons: Shutterstock (Pixelstudio), New York; **124** Hand: stock.adobe.com (chrisdorney), Dublin; **125** Schulutensilien: stock.adobe.com (kolopach), Dublin